江城非遗

本书编写组 编

本书由 中共阳江市江城区委宣传部
阳江市江城区文化广电旅游体育局 组织编写

南方传媒
广东人民出版社
·广州·

图书在版编目（CIP）数据

江城非遗/《江城非遗》编委会编. —广州：广东人民出版社，2024.6
ISBN 978-7-218-17635-2

Ⅰ.①江… Ⅱ.①江… Ⅲ.①非物质文化遗产—介绍—阳江 Ⅳ.①G127.653

中国国家版本馆CIP数据核字（2024）第108504号

JIANGCHENG FEIYI
江 城 非 遗
《江城非遗》编委会 编

出 版 人：肖风华

责任编辑：李力夫
责任技编：吴彦斌
装帧设计：谢国瑞

出版发行：广东人民出版社
地　　址：广东省广州市越秀区大沙头四马路10号（邮政编码：510199）
电　　话：（020）85716809（总编室）
传　　真：（020）83289585
网　　址：http://www.gdpph.com
印　　刷：三河市中晟雅豪印务有限公司
开　　本：787mm×1092mm 1/16
印　　张：8.75　　**字　　数**：166千
版　　次：2024年6月第1版
印　　次：2024年6月第1次印刷
定　　价：98.00元

如发现印装质量问题，影响阅读，请与出版社（020-85716849）联系调换。
售书热线：（020）87716172

《江城非遗》编委会

本书由 中共阳江市江城区委宣传部 阳江市江城区文化广电旅游体育局 组织编写

江城非遺

让非遗绽放迷人时代风采

文化，乃以文化人也，这项永恒事业的极端重要性不言自明。历届江城区委、区政府一直十分重视文化事业发展。为了在新的历史起点上进一步推动文化繁荣兴盛，2021 年，江城区第九次党代会提出“建设文化江城、打造文化强区”的目标。2022 年，区委、区政府出台了《文化江城建设实施方案（2022—2025 年）》，全区文化建设工作有序推进、全面展开。

2023 年新春伊始，三年疫情阴霾一扫而空，江城人民的精神文化生活需求迅速释放，推动江城高质量发展的愿望空前强烈。江城区委、区政府秉持以人民为中心的理念，顺应人民呼声，立即筹备以“赛龙夺锦·奋楫争先”为主题的 2023 年阳江（江城）逆水龙舟大赛系列活动。

该系列活动规模宏大、内涵丰富，包括了龙舟民俗、文旅商务、端午龙舟竞渡、龙舟文化教育传承等四大系列十八项内容。其中，编辑出版《江城非遗》就是备受社会各界瞩目的内容之一，旨在以此重拾全区人民的共同文化记忆，厚植中华优秀传统文化基因，提升对江城这片热土、这方家园的认同感、归属感，凝聚起更加强大的社会合力向中国式现代化道路迈进。

非物质文化遗产，是一个国家和民族历史文化成就的重要标志，是优秀传统文化的重要组成部分，被誉为历史文化的“活化石”。党的十八大以来，习近平总书记高度重视非物质文化遗产的保护传承，强调要扎实做好非物质文化遗产的系统性保护，更好满足人民日益增长的精神文化需求，推进文化自信自强。我们要深入学习贯彻习近平总书记的重要讲话重要指示精神，进一步加强非物质文化遗产的保护传承，使各具特色的非遗技艺活起来、传下去，让非遗绽放出迷人的时代风采。

江城区作为阳江市主城区，地处广东省西南沿海，漠阳江穿城而过，汇入南海，山海兼具、多元并存、独具特色的漠阳文化与博大精深的中原文化等在这里汇聚融合，文化之花浓郁繁盛，被文化和旅游部命名为“中国民间文化艺术之乡”，获评“广东省漆艺之乡”，非物质文化遗产资源十分丰富。近年来，江城区委、区政府深入贯彻落实《中华人民共和国非物质文化遗产法》，树立高度文化自觉和文化自信，持续强化对非物质文化遗产的保护和传承工作，取得了明显成效。全区现有省级非遗项目 3 项、市级非遗项目 24 项、区级非遗项目 5 项，以阳江风筝、阳江豆豉酿制技艺、端午逆水赛龙舟等为代表的一批非遗项目焕发出新的活力，吸引了社会各界的广泛关注。

成绩不是骄傲自满的资本，而是继续前进的基础，毕竟非遗项目保护与传承的事业永无止境。

发展非遗项目保护与传承事业，既是各级党政领导和宣传文化部门的神圣职责，也是国家法律赋予我们每个公民的应尽义务。为此，江城区将充分调动社会各界的积极性，拓宽社会力量参与渠道，完善多方参与和多元投入机制，扩大公众的知情权、参与权和监督权，从而把挖掘、保护和传承非物质文化遗产的各项任务落地做细，构建全社会共谋、共建、共管、共评、共享的工作格局。

江城区将进一步加快推进非遗工作力量建设，培养壮大传承人队伍；将把非遗项目与文旅工艺品的开发结合起来，努力形成完整产业链条；将推进非遗申报工作，争取更多项目进入国家级、省级名录；将加强非遗宣传展示，提高江城非遗项目影响力和竞争力。

做好非物质文化遗产的保护和传承，就是守护我们民族的精神家园。如今，我们国家把坚定文化自信提到了前所未有的高度，让我们的非遗保护和传承工作有了可靠的制度保障和深厚的民意基础。我们既为拥有源远流长、丰富灿烂的优秀非物质文化遗产而自豪，更为挖掘、保护和传承这份珍贵遗产而深感责任重大。我们每一位公民、非遗保护工作者和非遗传承人应以时代的责任感和使命感自觉参与其中，形成“政府主导、社会参与、各担其责、各尽其力”的良好氛围，让非物质文化遗产在新时代绽放出更加炫目的光彩。

是为序。

中共阳江市江城区委书记 李仕鹏

2023 年 6 月于江城

目 录

1

龙的传人

本版块包含非遗项目：

◎端午逆水赛龙舟
◎江城传统逆水龙舟制作技艺
◎阳江龙头制作技艺
◎下濑龙舟尾行先

逆水龙腾数百年

“咚咚！呦嗬！……”每逢农历五月初一到初五，漠阳江上便锣鼓震天、“游龙”似箭，一艘艘龙舟伴着号子声劈波斩浪。

数百年来，江城端午逆水赛龙舟累积了深厚的民俗底蕴，其鲜明的地方特色在全国各地的龙舟文化习俗中可谓独树一帜。

扫码阅读

江城区举办龙舟锦标赛。

鼓声锣声哨子声，龙舟健儿向前进。

龙，是中华文明的图腾。作为中华文明的重要组成部分，岭南文化中有关龙的因素是非常丰富而生动的。

端午逆水赛龙舟，是江城区源远流长、颇具地域特色的传统节庆大型民俗活动。囿于典籍不详，龙舟文化传入阳江的确切时间难以考证，但可以确定的是，阳江龙舟竞渡在明清两代已进入鼎盛期。据崇祯八年（1635年）《肇庆府志》载端午节风俗："饟角黍，饮菖蒲，缚艾虎于门，男女戴朱书篆符，曰辟邪。竞龙舟，视先后为胜负，或有溺者。"这是当时端午的习俗。而在明清时期，阳江属于肇庆府。另外，现存最早的《阳江县志》是康熙二十年（1681年）刻本，据其卷一"风俗"记载："端午解角黍，吃菖蒲艾酒，插艾于门。男女带辟兵符。自五月一日至五日，江中棹龙舟，箫鼓喧扬。亲友相邀，结彩船游玩，备采物，放锦标，令舟子竞夺为乐。江岸老幼聚观，至晚始散。"可见，即便从鼎盛期开始计算，阳江的端午龙舟竞渡也有三四百年历史了。

溯源：漠阳江隋朝已盛行龙舟赛

"四月八，龙船挖。"农历四月初八前后，但凡阳光灿烂的早晨，江城区各镇（街道）村落边就会响起鞭炮声，一艘艘龙舟在江底沉睡一年后，被壮汉们挖空淤泥，再一次浮出水面、重见天日，备战端午期间的龙舟赛。

龙舟队员奋勇争先。

“咚咚！ 呦嗬！ ……”每逢农历五月初一到初五，漠阳江上便锣鼓震天、“游龙”似箭，一艘艘龙舟伴着号子声劈波斩浪。壮观激烈的比赛场面，总能引来全城居民的围观，漠阳江两岸可谓人山人海、热闹非凡。两年一次的浪漫之约，成为漠阳江上一道独特的风景、历久弥新。

江城龙舟竞渡究竟起源于何时？据 1925 年版《阳江志》记载：阳江在南北朝时期的梁朝天监期间（公元六世纪）已有船往返广州。到了唐朝，因为阳江地处要道并成为水运交通枢纽，朝廷开始在阳江驻水军 3000 人。据《荆楚岁时记》及《隋书地理志》记载：每年逢端午凭吊屈原的风俗，在梁、陈、隋朝时期已经盛行，当时阳江城作为高州、高凉郡的治所，漠阳江上水运往来频繁，由此可以推算，那时在江城民间很可能就盛行龙舟竞赛了。

据阳江一些龙舟老前辈回忆，江城传统龙舟定型已有 200 多年。早期的赛龙舟，只是一种宫廷龙舟彩船巡游活动，“船大人多”，主要功能是巡游观赏。到了明、清两代，阳江龙舟竞渡进入了鼎盛时期。江城各地龙舟逐渐演变成“舟小人少”，并形成了自己独特的风格：由巡游转变为竞速为主，成为一项有组织的民间体育竞技活动，同时，传统龙舟形制也在这一时期得到确定。

“清末民初时期，参加逆水竞渡的龙舟最多，共有 19 艘。”说起龙舟巅峰时期的盛况，民间龙舟协会的老“龙种”陈汝榣滔滔不绝。从《阳江县志》的一段记载中，我们依然能感受到当年龙舟的辉煌历史：“江中初一至初五，龙舟竞渡，箫鼓喧阗，亲友相邀，结彩船游玩，备彩物，置锦标，视先后为胜负，两岸老幼聚观，至晚始散。”

直至新中国成立初，阳江还有11艘龙船，而北惯、织篢、大沟的沙岗一带都还保留着龙舟竞渡习俗，但由于河道水浅，龙舟和划桡都较短。“那时候真的是锣鼓喧天，观众人山人海，水上龙舟你追我赶，岸边观众卖力吆喝。”回忆起小时候观赛的精彩情形，不少老人依然历历在目。

“文革”时期，龙舟被视为“四旧”，江城龙舟均遭毁灭，直到党的十一届三中全会后，江城龙舟逐渐恢复。1984年，渔洲、太傅、漠阳街道集资新造三角白旗、华濠、上濑、下濑等四艘龙舟，并恢复端午竞渡活动。如今，江城已有12支传统龙舟队，主要分布在漠阳江沿岸的城南、南恩、城西和中洲四个街道的区域内。2023年的农历五月初一、初三、初五三天，江城举办隆重的赛龙夺锦盛会，重现漠阳江上“扒龙船”的盛况。近年举行的龙舟赛，吸引了江城以及附近的阳春、阳东、阳西的群众前来观看。观众人山人海，甚至邻近的江门、茂名、湛江、云浮等地区的旅客及港澳同胞和外国游客也专门前来观摩。

独特：逆水赛龙夺锦别具一格

数百年来，江城端午逆水赛龙舟累积了深厚的民俗底蕴，其鲜明的地方特色在全国各地的龙舟文化习俗中可谓独树一帜。

逆水龙舟赛因何而生？这里面有一个环境的原因——选择逆水赛龙舟与漠阳江的水文情况有关联。由于漠阳江平时的水深不够，划船时船桨容易碰到河床，这就对比赛造成了一定隐患，要想江水达到一定深度，只有等到海水涨潮时。江城正好处在漠阳江的下游，海水涨潮时水流非常快，顺水划舟容易因把控不住速度而翻船，因此，逆水行舟就成了最“顺理成章”的选择。

江城赛龙舟活动，当地群众习惯称之为“扒龙船”。“扒龙船”的地段，也随着时间的变化而有所不同。1984年端午节恢复龙舟竞渡活动，比赛地段设在以漠阳江大埠头（蚬壳地）为起点至上濑洲头的1300米江面；1958年漠阳桥建成后，又改为由石觉头附近江面为起点、漠阳桥为终点；1985年起，赛场移至观光桥前至冲口的江面。2023年，赛场重回西濑河道。但无论如何变化，上百年来，江城龙舟竞渡从起点至终点，都是沿着漠阳江水域自南向北逆水而赛，与其他地方的静水或顺水赛龙舟形成鲜明对比，故称为“逆水赛龙舟”。赛道不断更换，却始终坚持逆水赛龙舟的形式，沿袭至今的“逆水赛舟”竞渡方式，锻炼了不畏艰难、奋发争先的“龙舟精神”。

“扒龙船”，热闹的并非仅仅是龙舟竞渡的比赛期间，而是赛前赛后都有不同精彩。赛龙舟前，当地人要举行“挖龙船”和“祭祖”仪式，将“沉睡”的龙舟唤醒。下水前，还要举行隆重的“旺龙”[1]仪式，然后龙舟在河涌进行“采青”[2]后，划船“出涌”，进入漠阳江水面亮相，之后各艘龙舟都可自发与其他龙舟进行对抗比赛，采用快速击锣法向对方发起邀请，接受邀请后，两艘龙舟在起点对齐龙头开始比赛，谁先到达终点谁就是赢家。

江城"端午逆水赛龙舟"，竞渡时两艘龙舟并排，划手按"咚咚、咚咚！"的锣鼓节奏划船，逆流而上，锣鼓喧天，水花飞溅，宛如猛龙腾江。"呦嗬""呦嗬"……号子声交织在一起，汗水浸湿了划手的衣服，一条条"游龙"在水面上来去如飞。随风飘扬的彩旗、铿锵有力的鼓点声、高亢的加油助威声将现场气氛渲染得十分热烈。划手们在鼓手的指挥下奋力划桨，跟随鼓声节奏，在河面上激扬起一片片水花。如不服输，双方又回到起点，交换赛道，重新进行比赛，采用三盘两胜制，决出最后胜负。初一、初三、初五，三天都如此这般，十二艘龙舟尽显其能，各领风骚。到最后一天，方决出本年度最后的冠军龙舟，此时鞭炮声、欢呼声大作，既是庆祝最后的胜利，也是宣告本年度龙舟竞渡圆满结束。

每次举行的龙舟竞赛活动，都能吸引数万观众，漠阳江两岸人山人海，场面壮观、热闹非凡。人们驻足观看，不时发出喝彩声，不少村民怀抱小孩，让孩子们感受传统节日的热烈气氛。观众就是比赛的"评委"，其热情的欢呼声和热烈的鞭炮声就是对获胜龙舟的奖赏。每年的"扒龙船"活动，当地群众都兴致高昂，很多人甚至提前十几天从外地回到村里做准备。"扒龙舟"不仅是一场比赛，更留住了游子们的乡愁，同时让传统文化得以传承、弘扬。由于江城逆水龙舟竞赛的场面盛大、声

名远播，1956 年的端午节，中央新闻纪录电影制片厂专门来阳江摄制江城龙舟竞渡纪录片在全国各地放映，并定为国家级史料片而珍藏。2013 年 11 月，"逆水赛龙舟"项目成功被广东省政府批准、省文化厅确定为第五批省级非物质文化遗产代表性项目扩展名录。

龙舟赛结束后，还有一些特色民俗活动：如在龙舟所属区域的每家每户派发"龙包"，男女老少一起吃"龙船饭"[3]，聚餐后举行"还神"仪式，隆重地将从神庙或宗祠请出的祖宗神祇牌位送归原位，"龙种"宣布"散坛"等。散坛后，各支龙舟队的"龙种"还要组织"壮丁"（龙船划手）对龙舟采取淹埋措

万人空巷争睹逆水赛龙舟盛况。

施进行护理和保存，俗称“淹龙船”[4]。“淹龙船”三个字大有讲究，具体说来就是在五月初八前后，乘退潮之机，在合适的河涌选择长期能够被水淹浸的地方，挖好船坞安放好龙舟，将泥土覆盖龙舟全身，使其不变形、不变质、不氧化，待第二年的四月初八再起挖。至此，本年度赛龙舟活动才真正全部结束。

传承：让江城逆水龙舟竞渡精神发扬光大

一项民俗传承下来并得以发扬光大，必然离不开文化的纽带和得力的组织。江城每一艘龙舟都归属当地神庙或姓氏宗祠，各有称谓。如三角白旗龙舟归属于蚬壳地天后宫，双带七星旗龙舟则归属于大闸社北帝庙，因而有人戏称江城龙舟都是有“民间户口”的。不仅如此，江城的每一艘龙舟都有自己的旌旗，像上濑龙舟就悬挂红黄双旗，以前北帝庙所属的“七星旗”龙舟旗上插有竹叶、飘带，现在新建的“双带七星旗”龙舟悬挂的是黑底白星三角旗以及两条飘带。

在此基础上，“龙种”[5]担负着组织安排竞渡事宜的重任。每年农历四月初八前后，需由“龙种”组织“壮丁”[6]把“淹”在附近河涌的龙舟挖起，修整一番，装上龙头、龙尾，便开始竞渡训练。遵循传统，龙舟协会要在河岸搭起龙舟棚，插上彩旗、贴上对联，敲锣打鼓迎当地神庙的“行宫”或宗祠祖宗神牌驻棚内供奉，又传香炉于龙舟头，以示神祇进驻了龙舟。五月初一早，“龙种”还需请“祭师”主持举行庄重的“旺龙”仪式。

陈汝榣是个不折不扣的龙舟迷，自7岁第一次围观龙舟赛事后，就戒不掉“龙舟瘾”，品学兼优的他曾在端午节逃学到漠阳江畔看龙舟，为此还被班主任要求写检讨书。可刚写完检讨书的他，一听到龙舟鼓响，便又忍不住偷偷跑到江边去看龙舟。几十载春秋，他从“龙种”助手升级成了“龙种”。每年的端午节前夕，来自民间的各路龙舟精英，已聚集在江面上厉兵秣马，为即将到来的龙舟赛热身。然而，陈汝榣每次作为“龙种”被政府召集开会时，心里压力都在逐年增加。“阳江传统赛龙舟世代相传，但目前正面临着‘后继乏人’尴尬局面。”他无奈地表示。

每年江城“扒龙舟”虽然热闹依旧，爱看龙舟的年轻人不少，但真正能参与其中的不多。近年来农村的年轻人大多出外务工、上大学或在机关单位就职，尽管他们都从祖辈身上接受了传统龙舟的文化熏陶，但真正热心加入“壮丁”队伍中的人少之又少。一句话，热心的“看客”多，操桨的“壮丁”少。来自民间的“壮丁”本就不多，加上真正熟识水性的年轻人逐年减少，端午逆水赛龙舟的组织和培训就成了大问题。近年来，一些龙舟协会参加传统龙舟竞渡时，选择从外地高薪聘请“壮丁”，有些龙舟协会的外援划手甚至占到了一半。民众普遍认为，这种做法实际上已经“变了味”。经费也是一个很现实问题。尽管阳江民众近年来的“赛龙观龙”热情不减，但龙舟协会在筹集经费、组织训练上的难度也越来越大。据了解，每年举办一场龙舟赛事要花费 30 万元，还不包括平时训练 10 多万元的费用，这些费用主要靠社会和企业捐赠，要筹集到足额的经费，是一大考验。

江城端午赛龙舟活动以“政府主导，社会参与”的形式开展，最大限度地调动广大群众、社会团体力量来参与这项传统文化体育赛事，已成为江城区最具影响力，集文化、体育、娱乐、社交、商业于一体的传统民俗盛事。近年来，为打造我市“逆水赛龙舟”文化品牌，江城区政府专门成立了逆水赛龙舟申报省级非遗项目工作领导小组，成功为“逆水赛龙舟”项目申报了省非物质文化遗产名录。非遗的申报，“擦亮”了我市“端午逆水赛龙舟”这一传统文化品牌，扩大了江城区乃至阳江市的文化影响力，也让老“龙种”们对江城龙舟文化的传承增添了信心。

逆水龙腾数百年，不变的是江城人民祈求风调雨顺、国泰民安、去邪祟、攘灾异的美好愿望，不变的是江城人民爱国爱乡的爱国主义情怀和团结拼搏的“龙舟竞渡精神”。我们相信，在江城区委区政府的高度重视和广大群众的大力支持下，新一代的龙舟传承人能尽快涌现、成长，使跨越了数百年的江城龙舟竞技进一步发扬光大，后继有人，将“龙舟竞渡精神”转化为新江城人的精神，激励江城人民团结奋进、共建幸福江城。

注释：

【1】德高望重的长者为新龙朱砂点睛、梳髻、梳须、涂胭脂，让龙舟更栩栩如生。

【2】龙舟划到附近河埠头竹林采摘竹枝放在船舱。

【3】龙舟夺锦后，龙舟协会请村中男女老少一起吃“龙船饭”（吃龙包、品佳肴、谈比赛），寓意吉兆和平安。

【4】比赛后将龙舟藏于河道淤泥中保存，以避免日晒雨淋和氧化。滗，阳江话音 yìn，意为埋藏。

【5】即“执事”，指比较有威望、负责龙船指挥调度事宜的管理人员，也叫“龙船戟”。

【6】指身强体壮的划手。参加龙舟竞渡的划手都是在龙舟所在地的居民中挑选，以渔民为主。

▶链接①

端午逆水赛龙舟，是江城区一项历史悠久、颇具特色的传统节庆大型民俗活动，至今已有数百年历史，为江城区的三个省级非遗项目之一。江城龙舟地方风俗特色浓厚鲜明，每艘龙舟都归属朝拜当地神庙或宗祠，有雌、雄之别，也有“兄弟”“姐妹”之情谊。目前江城区有十二支传统龙舟队，各队的龙舟都具有独特魅力。

十二蛟龙挥桨争雄

（此文刊于2023年6月16日《阳江日报》）

东钵红须
颜值与实力并存的“夺锦王”

香檀木的龙头高昂，色彩鲜亮，坤甸木的龙身雕镂精美，龙眼浑圆有神，“夺锦王”三个字格外醒目，帅气威武中昭显飞龙夺锦气势。

与江城其他龙舟不同，东钵红须龙头的“红胡须”长到嘴角而不是下巴。传说在很早之前，东钵张氏祖先造龙舟时，不想仿照别家龙舟龙头挂黑须或白须的模式，认为红色胡须更显龙头年轻好看，有自家特色。龙舟造好后，他们将其命名为“龙仔”。因为“龙仔”年轻帅气，后来被人称为“靓仔龙舟”。

清代，东钵红须龙舟每次参加龙舟赛，几乎都能稳坐冠军位置，声威赫赫，龙舟头顶部“夺锦王”的美誉即是由此而来。2010年以来，东钵红须龙舟也夺过两次冠军、一次亚军的好成绩。

东钵红须2023年“起水”的龙舟，有一艘是1983年打造的，至今保存完好，久战如新。而备战2023年龙舟赛的则是另一艘2015年打造的“新船”，其在保留东钵红须所有外形特色的基础上，采用新木材和造船方式，“新船”的整体重量轻了三分之二，更有利于再现“江上飞”的场面。

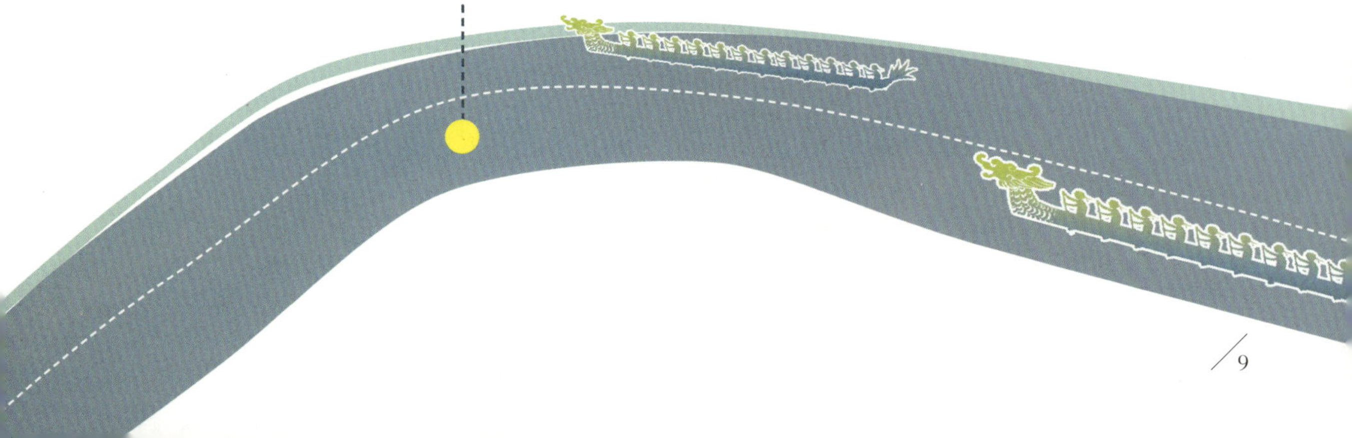

东钵白须
曾经挥一桡便赢对手一个舱位

在江城众多的龙舟中，东钵白须的龙头很特别：龙头瘦瘦长长，下巴垂着长长的银白色的须，龙头的后脑勺非常光滑，十足一个光头的老人。

说起东钵白须，村里的老人津津乐道："以前的龙舟，要数那西七星旗与东钵白须扒得快。当时还有一句顺口溜'那西邓（和）白须，孭（背）狗蒸香炉'。"这里面有个故事：一位妇女正在家里做饭，儿子和家狗在她脚下围着转，当她听到那西七星旗与东钵白须要进行比赛的鼓声敲响时，急着去观看比赛，把狗当成孩子背着，把香炉当作菜盘放到锅里蒸。等到妇女手忙脚乱赶去看比赛时，周围的村民看到她用背带背着狗，顿时乐成一片，足可见当时的比赛场面是何等壮观。

东钵白须龙舟的辉煌历史，源于"大个运三十六桡赢脱尾"的传奇故事。过去有一个扒头艄的叫大个运的人，力大无穷。在赛事时，如果东钵白须领先，他就在船头喝龙，如果是与对手并驾齐驱时，他一桡挥下足以赢对方一个舱位。一艘龙船有三十六个舱位，也就是说，大个运连挥三十六桡，就足以把对方赢脱尾。

在2006年江城区举办的"坚都"杯龙舟赛中，东钵白须获得团体总分第四名的好成绩。

双带七星旗
年轻龙舟瞄准前三

双带七星旗是一支年轻的队伍，恢复于1997年，是江城最迟恢复的一艘龙舟，但实力不容小觑。

20世纪90年代，由于各种原因，三角白旗龙舟在赛场上的表现，让当地一些龙船迷觉得"不过瘾"，但他们又不想为别处的龙船喝彩，便琢磨着要另起一家。听老人说渔洲北帝庙以前也曾有过一艘龙舟，他们知道后征求其他龙船迷的意见，决定恢复老龙舟。

但这艘老龙舟，20世纪50年代

前已不复存在，几乎没人知晓它的模样。不过双带七星旗还保留着，这是一面饰有北斗七星、旗尾飘着双带的樱枪旗。于是，龙船迷们以三角白旗龙舟和上濑龙舟作为“模特”，按这两艘龙舟的“龙头”“龙身”比例设计打造新的龙舟。

在1997年举行的江城龙舟竞渡中，双带七星旗首战获得团体总分第六名。经过刻苦的训练，在江城区2014年传统龙舟锦标赛上，双带七星旗过关斩将，勇夺冠军。近年来，双带七星旗还代表阳江走上了国内、国际舞台，在2019年第15届中国－东盟（南宁）国际龙舟邀请赛上，双带七星旗龙舟队为阳江市夺得两金一银一铜的优异成绩。

三角白旗

爱美的“妹仔船”乘风破浪

三角白旗归属石觉天后宫，聚合河沿社、石觉社、塘尾社、福宁社居民，举樱枪三角白旗为标志，是福建妈祖菩萨的船，因此是艘妹仔船。据说，龙舟与庙是一体的，有龙舟就有庙，有庙就有龙舟，石觉天后宫建好后就立即组装了三角白旗龙舟。而另一种说法是，三角白旗成立于清朝中期，距今已有三百年左右的历史了。

三角白旗不仅是“妹仔船”，还是爱漂亮的“妹仔船”。每年龙舟竞赛当天，参加比赛的村民们要一大早为“她”梳妆打扮。首先要象征性地“夹毛仔”，接着梳发髻，涂胭脂水粉，最后披上绸带。整个过程通常要一个小时，犹如新娘出嫁般隆重。虽是艘“妹仔船”，但三角白旗巾帼不让须眉。以前扒龙舟，三角白旗都挑选渔民作桡手，这些渔民每天划船出海打鱼，身体好、耐力强，因此20世纪90年代前，三角白旗常在比赛中夺冠。

上濑龙舟

插红黄双旗的“长胜将军”

说起江城上濑龙舟，很多人回想起的是那两支神气的黄旗、红旗，一起插在龙头后面，跟随震天的鼓声、吆喝声，迎风飘扬。当时还流行这么一句童谣“红黄搽‘癞’，越搽越快”，意思说上濑龙舟在江上窜得飞快，威震一方。

上濑龙舟上插两支颜色不同

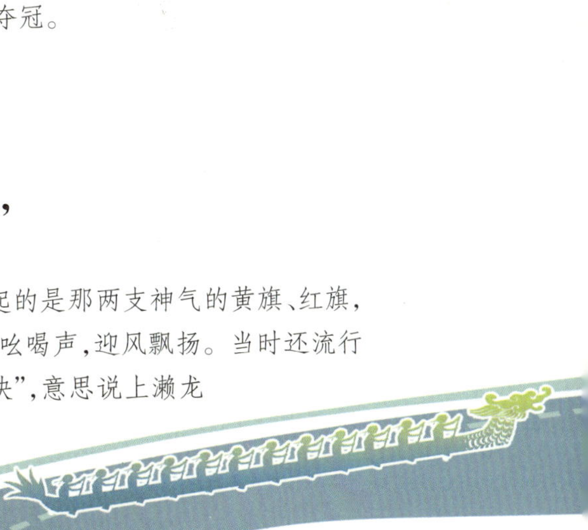

的旗，中间有一个典故。上濑龙舟的前身，是太傅龙舟，属于太傅路的张太傅祠。日子久了，逐渐演变成每当龙舟赛时，太傅人只是捐钱支持，管理、扒龙舟都由上濑人亲力亲为。

到了清朝中叶，原只是插一支黄旗的太傅龙舟，多添了一支醒目的红旗，红旗代表上濑清境宫，龙舟名号也逐渐由太傅龙舟变成上濑龙舟，但龙舟上还是一直插两支旗，纪念这段历史，昭示太傅、上濑两邻居的友好关系。每次赛龙舟，上濑龙舟“出涌时”先到漠阳桥下向着太傅路原百货商场方向朝拜（原太傅路张太傅祠方向），再到第六小学对面的方向朝拜（原上濑清境宫方向），意思就是告诉这两庙的神灵，“我们出发了”。

以前江城传统龙舟赛是三盘两胜，每队先各“坐东”（划在东河道）、“坐西”（划在西河道）一次，最后一次就抓“生死签”，谁抓到静水河道，大多都赢。但 1987 年，上濑龙舟在龙舟赛四天里，无论是静水还是逆水都赢，从不用赛第三场，所以上濑的龙舟被称为“长胜将军”。

华濠龙舟
拿过 4 届传统赛冠军的“豪门”

华濠龙舟归属华濠龙舟协会，拜大王庙，举樱枪红旗，起源于清代中期。华濠龙舟战绩辉煌，拿过 4 届江城传统龙舟赛的冠军，在 2016 年江城传统龙舟赛仅以微弱差距输给东钵红须。

华濠龙舟是第一支将两位“头艄”撤下的龙舟队。以前，阳江龙舟船头上都设两位“头艄”，拿着比其他“壮丁”重 10 倍的桨，意为整个船队领军，两支桨划起来大开大合，像劈风破浪的大剪刀，既威风又好看。但华濠人发现，威风的“头艄”会给龙舟带来很大的阻力，于是率先撤下了“头艄”。那一年，华濠龙舟捧回一个冠军，其他龙舟队见状纷纷效仿，致使后来人们在阳江龙舟上再也找不到那两位威风凛凛的“头艄”，但却看到了一条条在江面上行走得越来越快的“飞龙”。

华濠龙舟也是一支豪气、仗义的队伍。以往，“三角白旗”赢了比赛，其他队不服气，将其团团围起，不准该船的人下船。“华濠”则认为，不服气可以再赛，但不能为难他们，于是一路为“三角白旗”护航，让大家安全离开。

曾氏双白旗
以族人姓氏命名的龙舟

探营位于江城区中洲街道西岸村的曾氏双白旗，只见一艘舟体漆黑的龙舟静卧于漠阳江边的龙船枕上，几名村民正提着水桶、拿着刷子，细心擦洗龙舟，然后刷上木油。

“自农历四月初四挖起龙舟，这已经是第三次打磨上油。”据介绍，擦洗、上油、扎龙骨、装龙头龙尾、插龙旗彩带，每一步都不能马虎，目前整条龙舟已焕然一新。

曾氏双白旗，原名“双白旗”，从西岸村另一支传统龙舟“四方单白旗”中分支而立。“帜竖双旗称巨擘，龙腾八社显英雄”。据传，这是清初西岸村一位秀才亲笔挥毫为曾氏双白旗所写的神坛对联。曾氏双白旗龙舟的龙庙为西岸四乡沙尾观音堂，至今已有400多年历史，是阳江唯一一艘以曾氏后裔族人而命名的龙舟。2012年，因人员皆为曾氏，遂更名为曾氏双白旗。

现在曾氏双白旗这艘龙舟打造于2012年，举方天画戟双白旗为标志，寓意为统一和团结，告诫族人要统一思想、团结一致、拼搏奋进。其龙头上的角为鹿角，下颌垂蓝色龙须，整体以金色、红色为主色，配以绿色、粉色，显得威武、端庄，英姿勃勃。

回顾近几届龙舟赛，曾氏双白旗龙舟队战绩斐然。继2010年取得江城龙舟锦标赛国标龙舟第一名，2012年再次将国标龙舟第一名收入囊中，成为江城区龙舟锦标赛国标龙舟唯一蝉联两届冠军的队伍。在2012年的比赛中，曾氏双白旗也是传统龙舟和团体总分的第一名，成为名副其实的“三冠王”。2014年和2016年，该队又分别获得传统龙舟第二名、第三名。

四方单白旗
曾获“白翼仔”“水上飞”美誉

“四月八，龙船挖”。每年的农历四月初八前后，“龙种”就会组织“壮丁”把“淹”在水下的龙舟挖起。蛰伏了七年，这艘造于2016年的四方单白旗龙舟再次“精神抖擞”起来。龙舟经河水浸泡过后，通体漆黑乌亮，龙头和龙尾整体皆为鲜艳的红色。

四方单白旗龙舟的龙角由鹿角制作而成，除了尖端漆成红色，其他部位均保持原色，立于龙头之上，威风凛凛。四方单白旗的龙须为一束长度基本一致的白色龙须，龙尾的葫芦造型也是四方单白旗的一大特色。葫芦，福禄也，有吉祥的象征。

四方单白旗龙舟起源于中洲街道西岸村沙尾冯氏宗祠，而"四方"代表曾、冯、周、史四姓，拜当地观音堂，举方天画戟单白旗为标志，相传从清朝传承至今。

以往，每逢龙舟赛，农历四月十五，四方单白旗龙舟协会都会举行"出涌"仪式，龙舟下水，赛手预热。

四方单白旗曾被称为"白翼仔""水上飞"。1985年的传统龙舟初赛上，在江城11艘参赛龙舟中排名第一。且因队员身穿白色背心，在江面上驰骋如飞，故获上述美誉。

上堡龙舟
经历台风巨浪仍安然无恙

追溯中洲街道麻布演村上堡龙舟的历史，距今已有130多年。据了解，上堡的第一艘龙舟用红花木制作，经过百年变迁，上堡村几艘古老的龙舟都已不复存在。不过，龙舟竞渡情怀却在一代代的上堡村民中流传下来。

上堡龙舟有一段令上堡村民称奇的典故。70多年前，一次刮台风，停泊在屋背洲的上堡龙舟被风打断缆绳，一路随巨浪翻滚至对面龙图村的河涌，后来台风转向，龙舟又被浪推回至屋背洲排水的小河涌。上堡龙舟虽经历了这样的"磨难"，但是基本无损坏，让上堡人大呼神奇。

上堡龙舟的龙头上插有竹叶青，这是辨认上堡龙舟的标志。龙舟划手平均年龄约35岁，都是本地村民，他们从小在龙舟文化中浸润成长。

下堡龙舟
曾代表阳江参加全国性龙舟赛事

上堡、下堡是"兄弟船"，同归属朝拜当地的五王庙。1988年的龙舟比赛，下堡龙舟队齐心协力，一举夺得了第三名。从此之后，下堡龙舟队进入江城龙舟强队行列。1996年，更是力压群雄，一举夺魁，并代表阳江参加全国第八届"屈原杯"龙舟赛暨第二届世界龙舟锦标赛选拔赛。

下堡龙舟的龙头雕刻得高大威猛，龙头背后插有一支缨枪，是下堡龙舟的典型特征。

龙舟竞渡展现的齐心协力、奋力向前的精神，让许多下堡村民为之着迷，并从十二三岁开始扒龙船，展现出一股从小对龙舟的热爱，构成下堡村龙舟凝聚力的基石。

下濑龙舟
龙尾上水“行头先”

下濑龙舟队共有50多名队员，基本都是当地渔民或来自其他行业的阳江人。在位于黑桥西河边的下濑龙船坛，老师傅会用设备磨平桡手的船桨，旨在光滑表面、减少划船转向的阻力。

其他龙舟队是以龙头入水，下濑扒龙船最大的特点就是用龙尾上水“行头先”，这种传统得以延续有其原因。以前整个西濑的地形地貌就像一个小岛，四面环河，居民以船为出行的主要交通工具，出入水口对当地人有重要意义。西濑分上濑、下濑，当地人逐渐形成了“上濑龙头向上、守上水口，下濑龙头向下、守下水口”的扒龙船习俗。

竹叶七星旗
江城唯一举办村内预选赛的队伍

城西街道那西村扒龙船的历史最早可追溯至200多年前，由于那西村地处水乡，村内曾遍布许多河道，村民对扒龙船竞技运动有很深厚的感情。

竹叶七星旗龙舟队今年参赛的龙舟建造于1985年，是由一名久居香港的乡贤捐赠柚木船模而制成。该龙舟队最大的特点是全村仅一支队伍，且每次江城举办龙舟赛前，村里都会提前组织一场村内选拔赛，这在全区12支龙舟队伍里都是独有的。

许多外出乡贤和年轻人都回村参加选拔赛，可谓“有钱出钱、有力出力”。举办选拔赛时，鞭炮声、敲鼓声、划桨喊口号声此起彼伏，村里老少都坐在岸边帐篷“观战”。2023年的选拔赛上，三大片区共12支参赛队伍轮番分组角逐，最终决出了一批正式参赛的青壮年名单。

江城传统龙舟花名册

序号	龙舟名称	属地	归属神庙（宗祠）	备注
1	上濑龙舟	南恩街道洲头社区	太傅庙和清境宫	
2	下濑龙舟	南恩街道西濑社区	四圣宫	
3	竹叶七星旗龙舟	城西街道那西村	北帝庙	
4	红须龙舟	城西街道东砵村	清宁宫（张氏宗祠）	
5	白须龙舟	城西街道东砵村	大王庙（张氏宗祠）	
6	华濠龙舟	城南街道太傅渔洲社区	大王庙	
7	三角白旗龙舟	城南街道马福社区	天后宫	
8	双带七星旗龙舟	城南街道马福社区	北帝庙	
9	上堡龙舟	中洲街道麻布演村	五王庙	
10	下堡龙舟	中洲街道麻布演村	五王庙	
11	四方单白旗龙舟	中洲街道西岸村	观音堂	
12	曾氏双白旗龙舟	中洲街道西岸村	观音堂	
13	龙涛龙舟	城北街道龙涛村	大王庙	未恢复
14	黑须龙舟	城西街道东砵村	林氏宗祠	未恢复
15	蓝须龙舟	城西街道东砵村	冯氏宗祠	未恢复
16	单带七星旗龙舟	城南街道玉沙海库村	北帝庙	未恢复
17	黑褂仔龙舟	新居（待考证）	大王庙	未恢复
18	红黑签龙舟	南恩街道塘基头	大王庙	未恢复
19	红花卷龙舟	南恩街道观光社区	大王庙	未恢复

2023 年阳江(江城)逆水传统龙舟赛

精彩瞬间

▶链接②

本篇介绍1个非遗项目,即端午逆水赛龙舟,这是阳江市江城区一项历史悠久、颇具特色的传统节庆大型民俗活动,至今也已有数百年历史。其于2013年被认定为民俗类省级非遗项目,为江城区的三个省级非遗项目之一,代表性传承人有陈汝榣、谭进华等。

文心雕「龙」惊四座

龙头是一艘龙舟的灵魂所在，以往龙舟起水后，都要传香于龙头，以示神祇进驻了龙舟。

扫码阅读

威武的阳江龙头。

赛龙舟，是我国南方端午节的一项重要活动。中国的传统龙舟，最初是雕刻龙形的独木舟，后来慢慢演变成木板制作的“龙形船”。俗话说“画龙点睛”，龙舟最传神的部位就在于龙头。龙头，是最能体现阳江龙舟风格和龙舟精神的载体，也是阳江木雕艺术的代表佳品。作为广东省四大传统手工业基地之一，阳江龙头、龙颈雕刻有着深厚的历史渊源与传承，在不断改良中精益求精。

龙舟之灵魂在龙头

“龙头是一艘龙舟的灵魂所在，以往龙舟起水后，都要传香于龙头，以示神祇进驻了龙舟。”五月初一早，都要举行庄重的“祭龙”[1]仪式，再划到附近河埠竹林“采青”，才外出参加竞渡。不少老“龙种”判断一艘龙舟“好不好”，仍习惯看龙头“美不美”。

据《阳江县志》记载，阳江龙头“造型上仰、气势轩昂、瞻望前方”，阳江龙头造型各异，“青壮年龙”两腮较圆，“老龙公”则头部略高且长瘦。这些木雕佳品多为清末、民国年间江城镇人谭锦棠、左士良等木雕艺人制作。谭锦棠将这门绝活儿传给外甥左士良，左士良又传给儿子左文康，左文康再传给两个儿子左章恩、左章勇。江城龙头制作技艺以家族传承的方式传至今天，已历经四代人。

走进江城区的百年老街南恩路，有一间名为“巧成花板店”的百年老店，只有约12平米的店面并不显眼，老旧的工作台上，摆放着栩栩如生的龙头、微型龙船等木雕制品。70多岁的左文康头发灰白，后背有些弯曲，但只要一说起木雕，老人家眼睛里便放出别样的光芒。左文康是左士良的四子，自幼耳濡目染随父亲学习龙头的制作技艺。“文革”期间的“破四旧”运动对龙舟造成了毁灭性打击，龙舟被拆，龙头龙尾则被烧毁。1984年，阳江龙舟竞渡在群众的强烈要求和政府的支持下得以恢复。时隔20年重新做龙头，左文康重新整理父亲遗留下的残缺图纸，自制花板刀，通过走访老人综合各方意见，对照破损的龙头，结合龙船的实际情况，尽量保持传统，他精选樟木，一锤锤、一凿凿雕刻出新的龙头、龙颈、龙尾，总共用了一个月时间，完工后的龙头得到了大家的好评。

雕刻龙头时的左师傅眉头紧锁、眼神专注，用手工雕刻刀在木材上打粗坯，随后用左手固定龙头的一端，右手灵活操作砂纸打磨雕刻成型的龙头至表面光滑，整个过程要时时处处心细手稳……最后，他拿起调料在龙眼的部位上色，一个“画龙点睛”之举，便让龙头神采奕奕、活灵活现了。左文康介绍，制作龙头的工艺相当复杂，需要经过选材、锯木、打粗坯、雕花纹等工序，打磨、上色，再安装上鼻球、龙须、龙舌、龙珠以及“火”字牌，一件完整的龙头就制作完成了。雕刻龙头并不是所有的木材都适用，需要挑选体积够大且形状完整的樟木，完成一个龙头前后需要一个月的时间，所以一定要有足够耐心。“他闭着眼都知道雕刻的工序了！”熟识左文康的邻居笑言。62年的雕刻经验，使得左文康对龙头的处理早已炉火纯青。“整个雕刻环节，都考验着手眼心法的协调配合，想要让龙头活灵活现是一个细工夫，需要拿捏好力度。”左文康说，手艺人讲究“一木成形”，整个制作过程中要使用很多工具，比如刀、锤、刨、锯等。当问及哪个环节最难，左文康说“是雕花纹”。“从龙眼到龙鳞，每一刀都要精准，力量小了铲不动，力量大了会铲过头”，尤其是眼睛的雕刻，难上加难，一旦下刀不精准导致龙眼目视的方向斜向地面，整个木雕都难以补救。

栩栩如生的龙头。

老手艺重新焕发生机

“阳江所有龙舟的龙头基本都是我雕刻制作的。”左文康自豪地说。因手艺精湛娴熟，江城、北惯及恩平、广西的龙舟队，都会提前与左文康预约制作。每制作一套龙头，左文康要先了解当地文化习俗，然后再把传统特色融入龙头制作中。确定好形象后，他会去到阳西东村挑选合适的木料。左文康雕刻的龙头、龙颈、龙尾闯出了名气，多次受到《阳江日报》和阳江广播电视台的报道。2020年6月25日，端午节这一天，《人民日报》报道了《古稀老人左文康与龙舟相守60年》（报道全文见第25页），记述了他60年如一日与龙舟龙头相守的事迹。左文康介绍说，阳江龙头长度大多为50厘米、高35厘米、宽25厘米，龙头集多种动物于一身，如牛的耳朵、人的鼻子、虾的眼睛等。阳江龙头制作技艺的主要特征是仿生立体雕刻。师傅们所用的雕刀和刻刀是自制的“花板刀”，相传已有几百年历史。这种刀不分正背面，前后左右都能使用。阳江龙头与外地有明显区别：龙头高昂、硕大有神，龙鼻如人鼻，眼睛则像虾眼般凸出，龙尾高卷，充分展示出龙的威武、

龙头制作人——左文康。

凛然气势。此外,阳江龙头的眼睛总体向上望天,无论站在哪一个角度看都始终与人对视,体现一种精气神,在划龙舟过程中能更好地鼓舞士气。江城百姓看赛龙舟,“看到龙头便知舟”。虽然形态不同,但阳江龙头“结构紧密、做工精细、用料考究、色彩丰富”的好评却是数十年始终如一。

左文康回忆说,阳江龙舟龙头的制作技艺最辉煌的时期是1985年,当时阳江本地做了8套,相邻的恩平也定做了8套龙头、龙颈、龙尾。随着时代的变迁,近几年龙头订单持续减少,他只能零散做些小本生意,“这个行业已日渐式微了,我父亲那辈人雕刻龙头、龙颈、龙尾时,都是拿着铁锯一拉一扯,一锤一凿,纯手工雕出来的。以前做到凌晨一二点,第二天七八点开工是家常便饭。”左文康不无遗憾地说,现在全阳江会雕刻龙舟龙头、龙颈、龙尾的只有他们父子三人了。雕刻龙舟龙头、龙颈、龙尾是个力气活,除了端午节前,并不是长期有订单做,一旦接到单交货期又很赶。“现在愿意做这份工的人极少。”左文康说,许多木雕匠人当初进入这个行当,一为兴趣,二为谋生。对他自己而言,既能做喜欢的事又能获得经济来源,人生没有遗憾,但对龙头雕刻这门手艺,他仍有所期盼。斗转星移,时代在快速发展和变化,传统手工技艺不断受到现代工业的冲击。左文康指着手边的月饼印模说,像这样一个模子,手工雕刻一个需要一到两天,现代机器一个小时就能批量生产。

值得欣慰的是,阳江龙头制作技艺已成为市级非物质文化遗产项目,由专业机构进行保护、传扬并给予扶持和指导,更好地留住城市文化记忆,让老手艺重新焕发生机。值得庆幸的是,我们城市里还有左文康这样的匠

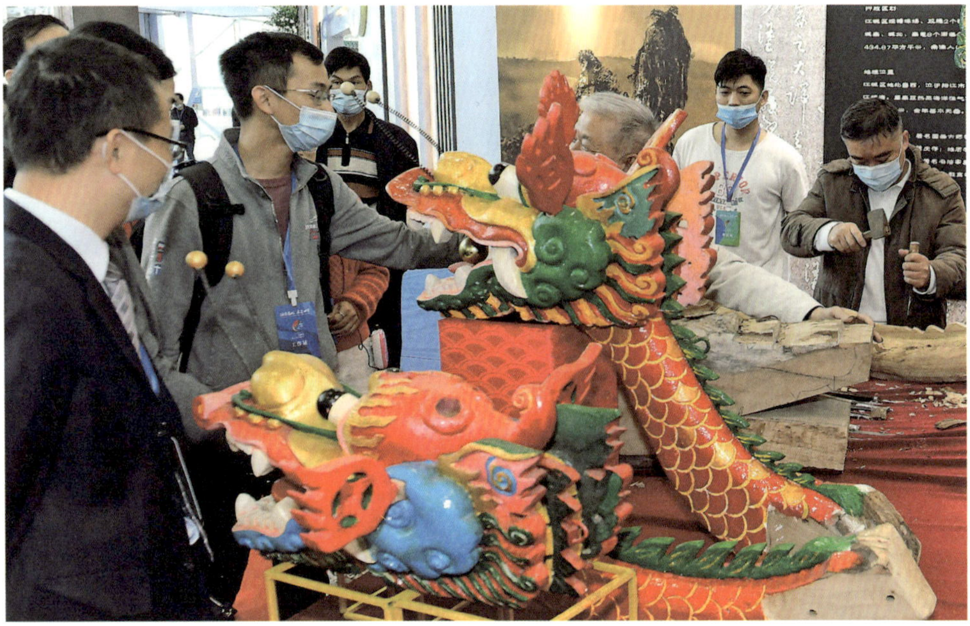

市民在艺博会上近距离参观龙头制作。

人。在这个步履匆匆、快速更迭的社会，匠人们用自己的手艺和态度，告诉大家“停下脚步，等等灵魂”，慢下来去细细品味传统文化的魅力。

造江城龙舟需 30 道工序

龙舟，顾名思义是端午节竞渡用的龙形船，是龙与舟的结合，没有龙头、龙颈、龙尾的是舟，正是因为有了龙头、龙颈、龙尾，所以它才叫龙舟。说起造龙舟，恐怕很多人并不熟悉。据了解，江城传统逆水龙舟制作技艺，始于清朝初期，由造船世家周氏家族第五世祖周国柱从东莞县引入阳江江城，至今已有四百年历史。造船世家周氏家族祖祖辈辈制作木船、龙船，技艺家族传承，延续至今已经有十五代。

江城传统龙舟自成一格：平底板，横向密隔舱板，纵向以甲筋为主的纵横向骨架结构型式的木质龙舟。船身中部宽，两端尖细。船底面从中部开始就有逐渐上翘形状，船艏底部与带有微弧形的戽斗相切过渡到龙颈与高大威猛的龙头相接。船艉同样用戽斗与雕成波浪形的龙尾相接。这些工艺特色都是造船世家历代周氏传承人改进演变而成，适应于阳江江城的河流分布流向及传统逆水龙舟比赛模式而形成具有江城特色传统龙舟制作技艺。江城传统龙舟由龙头、戽斗、龙颈、龙身、龙尾等五部分构成，龙身用柚木或梢木建造，龙舟船身长 30.24 米、中部宽 1.2 米。这个数值是固定的，而其他地区却是根据桡手的人数来定船身长度。但龙舟上的角色和人数在历史上是有变化的。2023 年的赛事规程规定，当年比赛全舟共乘坐 51 人，其中桡手 48 人，锣手、鼓手、尾艄各 1 人。

据了解，制作一条江城传统龙舟需要 30 道工序，包括选料、打枕、扎底、拼接大艕、钉里外花艕、扎龙骨、装龙头龙尾等，每道工序都需细细打磨，各部位的尺寸都要通过精密计算，丝毫偏差都将影响到龙舟的性能。龙舟制作是一件精细活，讲究船身轻便，与水的阻力要最小化，这就要求造船师傅对龙舟尺寸的精确度、船身的最佳弧度、用料、行舟阻力等方面有很强的把控。江城龙舟制作的关键是展开大艕的形状，如果展开得好、船光顺，阻力就小、速度便快，如果不光顺，划船时前面就会很大浪，影响速度。

随着技术的进步，传统龙舟制作工艺近年来也发生了变化。穿过旧街老房，隐匿在漠阳江边的下濑龙舟队制作现场，传出阵阵机器打磨木头的声响。空气中散发的原木香味，地面散落的木屑，仿佛都在诉说师傅连日来的忙碌。临时搭建的简易竹棚里，师傅们或拿墨斗为木头弹线，或用打磨机处理木头，聚精会神地制作一艘新龙舟。在他们身旁，一艘船身长 30.24 米、中间宽 1.20 米的江城传统龙舟已现雏形，艕板、艕壁板和底板均已安装完毕。

传承九代的“龙舟世家”

造船师傅周世赏是阳江“造龙舟”世家的第九代传人，也是江城传统逆水龙舟制作技艺传承人之一。他说，现在制作龙舟关键要考虑浅水阻力，因为阳江赛区水位浅，浅水区域的阻力相当严重。“制作龙舟一定要减少排水量，使用构件一定要轻，同时还要减少吃水的深度，所以制作龙舟使用的材料多为梢木，柚木也少用了。”周世赏说。江城龙舟的底板非常独特：是平板且无底骨的，而阳西龙舟的底板平底有底骨，阳东及外地龙舟的底板则是拱形有底骨。“江城龙舟之所以选用平底无底骨的底板，是由阳江的河流特点以及比赛模式决定的。”龙舟制作师傅陈汝榣说，平底吃水浅、摩擦阻力小，更有利于加速划行。

“造龙舟是精细活，不算最初的选料、开料及最后的抛光和进水，单是造

微缩的传统龙舟吸引了市民驻足观看。

小朋友与家长在阳江风筝馆制作“端午龙舟”。

船工序就有11道。”周世赏说，每艘龙舟都有一条龙骨，由三段木组成，中间用“龙骨锲”连接起来，头尾两段木通过“龙骨锲”可以调节“生度”【2】。龙骨【3】必须就着船形，打“龙骨锲”既不能过松也不能过紧，这样龙舟在水中行驶的速度才会比较快。“龙骨是整艘龙舟最重要的部分，决定船的强度和速度。造一艘江城传统龙船，期间要钉入上百斤铁钉，耗去六立方米木材，需要六七个人工作三四十天，而制造国家标准龙船，只需要三四人工作半个月到20天左右。”周师傅边说边拿出图纸比画，他的笔记本上有14页纸写满了字迹，记录着他的计算过程。“造龙舟还有很高的技术含量，尺寸、比例跟弧度都要非常精确。”周师傅解释，制作过程中造船师傅还要考虑各种摩擦力，如船吃水的深度要控制在桡手乘坐的凳子底部，因为船吃水太深，容易沉；吃水浅，桡手就会非常吃力，影响行船速度。

在造船世家长大，使得周世赏从小就拥有一个造船梦。6岁起，他便跟随祖父、父亲学做木船和龙舟，到29岁进入江城船厂工作时已成为独当一面的造船师傅，在厂里负责生产和技术管理工作。年逾古稀，周世赏仍然工作在“造龙舟”一线，对此他也觉得无奈。“江城传统逆水龙舟制作技艺靠言传身教传承，后人寥寥无几。”周世赏说，以前的造船师傅都会造木船，学造龙舟相对容易。现在的造船师傅都是造水泥船和钢船，想学造龙舟还得从学木工开始，中间无疑多了一道门槛。“以前业务多的年份，一年能做4条龙舟，从春节后到端午节前忙个不停。”周世赏说，近年来龙舟比赛少，阳江各地制作龙舟的需求也不多。

目前，在市级非物质文化遗产项目保护单位和代表性传承人周世赏、周聚兄弟的努力下，江城传统逆水龙舟制作技艺项目得到了较好的传承和保护。那在有力的号子和阵阵呐喊中劈波斩浪、勇夺第一的江城传统龙舟，将会在长久的岁月中持续散发出深邃的魅力。

注释：

【1】给龙头点睛、梳髻、梳须。

【2】灵活程度。

【3】龙船的龙脊。由三段木组成，中间用“龙骨锲”连接起来。龙骨须就着船形，打“龙骨锲”不能过松，也不能过紧，龙舟才能快速行驶。

▶链接①

与龙舟相守六十年

人民网 people.cn　人民网 >>

古稀老人左文康：与龙舟相守六十年

姜晓丹

2020年06月25日08:24　来源：人民网-人民日报　分享到：

原标题：与龙舟相守六十年

广东省阳江市南恩路有家百年老店，门脸不大，待细看，才发现龙头、龙尾、龙舟模具一应俱全，店里一位头发花白的老人，便是这些木龙舟的制作人——左文康（宋福亮摄）。

广东省阳江市南恩路有家百年老店，门脸不大，待细看，才发现龙头、龙尾、龙舟模具一应俱全，店里一位头发花白的老人，便是这些木龙舟的制作人——左文康。

龙舟队伍摩拳擦掌
忙坏手艺人

龙舟竞渡在阳江有至少上千年历史。据《阳江县志》记载，龙头是最能体现阳江龙舟精神的物质载体，也是阳江木雕艺术的代表，由左士良等木雕艺人制作。左士良的传承人就是他的儿子左文康。“当年父亲跟着他舅舅学习龙头雕刻，后来教给了我。”左文康说，“这门手艺再传到我的两个儿子，已经是第四代了。”

1962 年，左文康跟着父亲学手艺。与木头的缘分，结于 16 岁，一晃近 60 年。阳江龙舟竞渡被终止的时候，他做些小买卖为生。1984 年，阳江龙舟竞渡在群众的强烈要求和政府的支持下得以恢复，阳江人民的激情被点燃，龙舟队伍摩拳擦掌。在政府的支持、群众的自发捐助下，一年新装了 4 条新龙舟，这可忙坏了左文康。

“时隔 20 年重新做龙船头，可以参照的龙头极少，而且各个龙舟队的龙头都会有小差别。”左文康说。

对照破损的龙头，结合船的实际情况，左文康精选樟木，一锤锤，一凿凿，新的龙头、龙颈、龙尾在他手中出现。

完工后的龙船头得到各方好评。第二年，不但阳江的龙船头在这里制作，相邻的恩平也来做了 8 套龙船头。左文康的名气越来越响。

龙舟细节大有不同
地方特色浓

“赛龙舟发展到现在则成了民俗活动，舟小人少。”过去，阳江有在端午节赛龙舟的传统，锣鼓喧天，热闹非凡。

左文康是个龙舟迷，虽不参赛，但总爱跑去看。“比赛的龙舟都看着很熟悉，不是我做的，就是我和儿子一起做的。”左文康说。

一有机会，左文康就会给儿子讲龙头蕴含的民俗文化。“阳江的龙舟龙头有独特之处。花纹较为繁复，龙头硕大，龙眼传神，犄角高昂，长须飘拂，色彩艳丽，造型栩栩如生。有些龙头远看好像差不多，但仔细看，唇、耳、须等细节上大有不同。阳江龙尾也不一样，有的是凤尾，有的是翡翠尾，也有样式简单的七星尾。龙头和龙尾配合得好，才更有生气有活力……”

阳江龙舟具有浓厚的地方特色，每艘龙舟都拥有各自的龙旗和称谓，比如七星旗、华濠、上濑、下濑等等。相传，上濑、下濑两条龙是兄弟，一条龙保护河头，一条龙保护河尾，上濑的龙舟龙头先行，下濑的龙船则是龙尾先行。

“这个很有特色，看起来像是逆水行舟。有一年，人们想把这个习惯改改，下濑的龙船用龙头在先，但是一掉转，龙头马上掉到水下去了。所以传统保留了下来。”左文康描述起阳江的龙舟趣事，感情溢于言表。

龙舟雕花手艺精熟 文化代代传

“龙头集多种动物于一身，牛的耳朵，人的鼻子，虾的眼睛，羊的齿，大象的獠牙。”左文康介绍。

一般来说，手工制作一对龙头龙尾，要近一个月。每制作一套龙头，左文康要先走访村里的老人，了解文化习俗，综合大家的意见，把传统特色融入龙头制作中。

确定好形象后，他会去村里挑选合适的木料。“传统龙舟的龙头龙尾都是用质量上乘的整块老樟木雕琢而成，这种木料相对较轻，防虫蛀。必须选择体积够大而且形状规整的樟木，才能有手艺人讲究的‘一木成形’。”左文康介绍。

整个制作过程中，雕花纹是最难的。“从龙眼到龙鳞，每一刀都要精准，力量小了铲不动，力量大了会铲过头。”左文康说，“尤其是雕刻眼睛，难上加难。”

龙头的灵魂在眼。“阳江的龙头眼睛总体向上望天，体现一种精气神，能更好地鼓舞士气。”几十年的经验练就了左文康对细节的准确把控，出自他手的龙头，无论站在哪一个角度看，都始终与人对视。

左文康感慨：“做龙头雕刻不仅是一门技术，更是艺术、是文化。”

▶链接②

本篇介绍2个非遗项目，即江城传统逆水龙舟制作技艺、阳江龙头制作技艺。

江城传统逆水龙舟制作技艺，始于清朝初期，由造船世家周氏家族第五世祖周国柱从东莞县引入阳江江城，至今已有四百年历史。于2021年被认定为传统技艺类市级非遗项目，代表性传承人有周世赏、周聚等。

阳江龙头制作技艺，通过子承父业代代相传现已传至第四代，约百年历史，阳江龙舟的龙头与外地龙舟龙头有明显的区别，是最能体现阳江龙舟精神的物质载体。于2022年被认定为传统技艺类市级非遗项目，代表性传承人有左文康、左章恩等。

神龙摆“尾”写华章

下濑龙舟的龙尾以蓝色、金色为主色，间以黄色纹路，龙尾波浪式弯曲，末端上有一朵金色的祥云。它是本地19条龙舟中龙尾最小的，但雕镂装饰又最华丽精美，被本地百姓公认为“最美龙尾”。

扫码阅读

如果有人告诉你，端午赛龙舟时龙尾在前先行，读者朋友一定会觉得很惊奇。但江城区的下濑龙舟素以龙尾行先，放眼全国，也可谓是独树一帜。关于下濑龙舟尾行先的缘由，有不同的传说，但无论哪一种都彰显了江城人民对幸福、平安、诚信、团结互助精神的追求。它蕴含了丰富的历史文化，是江城本土文化的缩影，对研究阳江各时代的历史社会情况、生产力发展及文化娱乐生活状况等方面提供了宝贵的研究资料。

下濑龙舟尾行先。

下濑龙舟尾行先的四种传说

所谓下濑龙舟，其所在地域是指江城区西濑下濑永宁、兴民、南塘、横冲、朱屋巷等五地，区域人口4700多人（包括水上居民）。下濑龙舟与江城其他龙舟有别，素以龙尾行先，究其原因，当地有三种传说：

一是“双龙护闸”说。西濑是一个冲积岛，四面环水，除了漠阳江东面水道外，南北两头还有两条闸形水道。这两门水闸关系着岛的安危，因此需要两条龙来各自守护。于是，上濑龙舟头向北，守北面的闸口，下濑龙舟头朝南，守南边的闸口。所以下濑龙舟竞渡时龙头要永远朝南，于是就用龙尾逆流北上了。

二是“双龙拱月”说。西濑的形状像月亮，上濑下濑两条龙舟是这个月亮的守护神。一个头朝北，一个头朝南拱卫着，上濑头北尾南，下濑头南尾北，因此，下濑龙舟竞渡时就是尾朝北了。

第三种说法是，据说某一年扒龙舟，下濑龙舟队得了冠军，有些龙舟队不服气，赛后向下濑挑战。下濑将士面对挑战，毫不畏惧，桡手们说：“我们不只龙头先行赢，就是龙尾朝前也能赢！”后来下濑龙舟队果然赢了。为了纪念这一胜利，表示决胜的信心，下濑就坚持用龙尾先行了。

除了以上三种口口相传的故事外，还有一种更神秘的传说。相传很久以前，下濑龙舟也是用龙头上水的。在它停泊的河埠边上，有一棵柳树，下濑龙舟的龙头恰好对着柳树，柳树的枝条不时飘拂在龙头上。有一年端午节，一位妇女来埠头洗衣服，她看见那龙舟的龙头正在伸着舌头，在扯那柳树叶来吃，她连忙三步并作两步跑回家，告知丈夫。她丈夫是下濑龙舟的桡手，听了她的话却根本不信，反而骂她是乱说。第二天早上，这位妇女又悄悄到河边看，见那龙舟的龙头又在吃柳叶。她再也不敢对丈夫说起，暗暗到当地的四圣宫拜神，祈求神明保佑她的丈夫。这一天夜里，她梦见一个金甲神将对她说：“下濑龙舟已修炼成仙，今日要升天，念你一片诚心及众人的安全，本神特将解救的方法告诉你，并转告众桡手。”于是神将如此这般嘱咐一番，就飘然升天。第二天早上，这位妇女对丈夫说：“昨夜我梦见四圣宫菩萨显灵，说若把龙舟头尾调过来划，今年定可获胜。”她丈夫将信将疑，出去对众桡手说，众桡手也说做了相同的梦。于是大家决定用船尾上水试试，果然当天全胜，一连三天，均是如此。初四晚上，他们就把龙舟泊回埠头。当夜风雷大作、暴雨交加，只听一声霹雳，一条赤龙腾空而上。当夜，众桡手都梦见一金甲神将对他们说：龙神已经上天，保佑家家平安，今后龙舟就用龙尾上水，可保获胜。于是，下濑龙舟就一直用龙尾上水了。

公认的“最美龙尾”

江城端午龙舟竞渡比赛在漠阳江

大埠头（蚬壳地）至上濑洲头大约 1300 多米江面上举行。从起点至终点，是自南向北逆水而赛，比赛时锣鼓喧天，水花飞溅，龙舟逆流而上，宛如猛龙腾江，故称为逆水赛龙舟。江城区域内参赛龙舟数量最多是在清末民初时期，共有 19 艘，包括下濑四圣宫的大耳牛、蚬壳地三角白旗、那西北帝庙的竹叶七星旗，等等。

下濑龙舟制作精良、色彩丰富、工艺独特，是江城具有悠久历史的手工艺的杰出代表。下濑龙舟的造型与外地龙舟有明显区别：下濑龙舟由龙头、龙身、龙尾三部分构成，龙舟长、宽都有传统的尺寸规定：长 8 丈 7 尺 6 寸（以传统的周公尺为标准），折合约 30 米至 31 米之间，中部宽 3 尺 5 寸，折合约 1.2 米。龙身用柚木或梢木建造，舟身油亮乌黑，首尾鳞甲色彩斑斓，长须飘逸，极为威武。全舟共 54 人，船中舱置锣鼓手，鼓舱前、后分别设“壮丁”舱位 12 至 13 对，其中头梢 2 名，尾梢 1 名。

下濑龙舟的龙头造型高大生猛，以金、蓝、红为主色，白、绿为副色，龙头高昂，雕镂精美，黑长须飘飘，威风凛凛。因为下濑龙舟的龙头耳朵特别大，雕镂精美，格外鲜艳醒目，所以下濑龙舟又名“大耳牛”；其龙尾以蓝、金色为主色，间以黄色纹路，龙尾波浪式弯曲，末端上有一朵金色的祥云。它是本地 19 条龙舟中龙尾最小的，但雕镂装饰又最华丽精美，被本地百姓公认为“最美龙尾”。下濑龙舟采用特殊的木材建造，舟体选用柚木或梢木。龙尾选用樟木雕刻而成，龙角则采用鹿角制作而成。划桨是用苦楝木或鹤木制作。特殊木材造就的龙舟，坚固耐用，上百年都不易损坏。

古时江城本地端午赛龙舟，主要是由纪念屈原而形成的传统民间节目，随着社会的发展，而今已渐渐发展成为集文化、艺术、娱乐、饮食、社交、商业、体育于一体的大型民俗活动。相对其他的龙舟队，下濑龙舟比赛时，在竞技性、观赏性、娱乐性等方面呈现

雕镂华丽的龙尾。

出内容丰富、形式多样、技艺高超的特色，深受群众喜欢。新中国成立前，下濑龙舟因连年端午竞渡成绩优异，被誉为“阳江名家船”。新中国成立后，在历次江城端午龙舟竞渡中，下濑龙舟曾获1988年冠军，1989年、1991年亚军，1995年总分第三，1997年“传统龙舟金奖”“国际龙舟亚军”“团体亚军”的殊荣。下濑龙舟每年端午都在河埠头设龙坛，两侧上书征集楹联，如2001年的楹联为：“龙岁捧杯雄赳赳，羊年夺冠志昂昂。”

下濑龙舟历史悠久，作为富有传统色彩的庆典仪式，每逢端午节，必然少不了龙舟竞渡。下濑龙舟的传承谱系主要是师徒传承，传承人分为“龙种”和一般传承人。下濑龙舟的龙舟协会负责人叫“龙种”，目前其“龙种”已经传承了二十几代。进入21世纪后，不少下濑居民搬离到外面居住，而龙舟传承人培养时间长、难度大，曾经一度出现人才断层情况，后来慢慢得到改善。特别是近年来，在江城区各级党委政府和社区民众的大力支持下，下濑龙舟得到了重视。目前，下濑龙舟尾行先已经成为市级非物质文化遗产项目，由江城区政府牵头，区文化主管部门成立了保护工作领导小组，制定、落实保护包括下濑龙舟在内的龙舟项目措施。下濑社区着力筹建下濑龙舟展览室，龙舟协会定期培养龙舟比赛人才，每年举行龙舟大、小型比赛活动等。

下濑龙舟尾行先的故事和习俗，具有培育精神认同感、自豪感的文化价值、教育价值，需要我们代代传承下去。

▶链接

本篇介绍1个非遗项目，即下濑龙舟尾行先，这是下濑龙舟与江城当地其他龙舟最明显区别，素以龙尾先行，在全国也是独树一帜，究其原因则能引出许多神奇传说，因此，于2022年被认定为民间文学类市级非遗项目，代表性传承人有付嘉岳等。

2/

巧夺天工

本版块包含非遗项目：

◎阳江风筝

◎江城漆艺

◎江城小刀

◎印章制作技艺

◎碧桥竹编

◎木杆秤制作技艺

彩鹞空中舞芭蕾

据清末《阳江县志》载："重阳日，结伴携酒选胜登高，士人赋诗，儿童放纸鸢较高下或悬藤弓其上，风激之鸣响彻云霄，北山尤盛。"清代阳江文人所作的《竹枝词》中写道："浮图七级北山坳，纸鸢登高万影交。"

多少年来，阳江风筝既保留了传统风格，又有特色创新，呈现出较高的实用价值、欣赏价值和收藏价值，奠定了它南派风筝的代表地位，在风筝文化的不断积淀之中，以其特别的魅力独领风骚。

重阳节市民齐聚市区南国风筝场放飞风筝。

扫码阅读

风筝，是许多阳江人美好的童年回忆。

从古老的历史岁月里“飞”来，人们对它的来源已无从考究。但可以肯定的是，风筝的起源与古代战争有关，是我国古代战争时期重要的通信和侦探工具之一。据广东省广府文化研究会研究，早于南朝至隋时期的岭南巾帼英雄冼夫人在阳江治所时，城池曾为叛军所围，冼夫人命人扎放风筝（纸鸢）于高空，传递危情搬取援兵。城池围困解除后，民间百姓遂将冼夫人开创的扎制放鸢作为习俗延续至今。

据史料记载，明清时期阳江风筝活动已相当兴盛。明代诗人陈震作有《重九偕游翠岩亭次韵》，清代阳西女诗人王若霞七言律诗《纸鸢》。《阳江县志》（清道光二年版·风俗篇）记载：“九月九日重阳节士人结伴登高饮菊花酒童子放纸鸢或悬藤弓其上半空嘹亮响彻云衢。”《阳江志》（民国十四年版第二册卷七第十三页）记载：“重阳日结伴携酒选胜登高，士人赋诗儿童放纸鸢较高下，或悬藤弓其上，风激之鸣，响彻云霄，北山尤盛。”

冼夫人引风筝“飞进”古高凉

阳江民俗学者冯峥所著的《云上精灵》，探究阳江风筝的来历，同样认为与冼夫人有关。公元551年，冼夫人与陈霸先会师时，陈霸先提到梁武帝放风筝求救一事，引起了冼夫人的兴趣。她以一大袋行军必备的春砂仁，从陈霸先处换取了数架风筝。回到高州后，冼夫人的丈夫冯宝叫上能工巧匠，依样扎了一批风筝，分别送给下属的杜陵、宋康、永宁、阳春、齐安、连江、南巴、电白、海昌等县郡，并教会他们扎放风筝，约定风筝传送文书的做法。

为了确保文书传送的准确性，冯宝想了个办法，规定风向对时，每隔三天放一次风筝，风向不对时，改天补上。每个县郡还选一个高地，派专人监看接收风筝。《云上精灵》写道：州府的监看点设在城郊附近的南岭，还在那儿特地搭了个寮，配备士兵接放风筝。久而久之，人们便把南岭叫“望鹞岭”。民谚曰：望鹞岭上望鹞来，望鹞带个好信来。“阳江话‘鹞’‘寮’‘瞭’同音，因此这‘望鹞岭’又叫望瞭岭。这便是阳江市区望瞭岭的由来。”冯峥说。

随着冼夫人弃陈迎隋，促成国家统一，阳江周围百姓也学会了扎放风筝。自此，风筝便在阳江扎了根。

阳江“放鹞”始于邑民自发的“重阳登高”“辟邪祈福”习俗，阳江人民将国泰民安、风调雨顺、幸福安康等美好、吉祥的意愿，寄情于高飞的风筝，并逐渐演变为“志存高远、脚踏实地、拼搏向上、锲而不舍、团结合作”的风筝文化精髓和人文精神。为阳江独特地方文化的形成发展，奠定了坚实的文化底蕴，产生了深远的历史影响。

由于阳江风筝活动有着深厚广泛的群众基础以及其延续性，1991年市政府在鸳鸯湖公园建成了占地12万平方米、可容纳30万群众的“南国风筝竞技场”；同年被广东省体委命名为“广东省风筝之乡”；1992年阳江市人大常委会通过决议将重阳节定为“阳江风筝节”；1993年被国家体委命名为“中国风筝之乡”；2002年建成“阳江风筝馆”。

据冯光、阮加培、梁汝兴等风筝界前辈健在时回忆：以前，每年中秋节过后，家家户户、男女老幼，都会亲手制作风筝迎接重阳节的到来。而有钱人家则会将名师请到家中制扎风筝并着手筹备重阳事宜，到重阳节这天，全城出动，万人空巷，红男绿女，扶老携幼，经水路、陆路来到北山，举行放鹞活动，包括风筝制作及放飞比赛、赋诗、弦歌、唱山歌、饮酒、猜拳和野餐等活动，场面人山人海，热闹非凡。

南派风筝杰出代表展示岭南特色

在风筝千年的延续之中，中国形成了风筝“五大流派”，其中阳江、潍坊代表着南北风筝实力最强者，也是最有可比性的两个流派，于是中国风筝行业便有了“南有阳江、北有潍坊”的共识。

阳江风筝是中国风筝“南鹞北鸢”中“南鹞”的典型代表，于2006年被列入首批广东省非物质文化遗产名录。阳江风筝制作技艺融合了“扎、糊、绘、放”四艺，特别在“扎、放”技巧上尤为突出，以“造型别致、工艺精巧、绘制精美、色彩鲜艳、放飞技高、生动灵活、惟妙惟肖、形神兼备”等特点雄立业界。题材种类繁多，生活中的花、草、蔬、果、鸟、鱼、虫、兽等动植物与民间传说、文学故事、现代商业广告均可为创作题材，充满浓郁的生活气息。

地理环境上，阳江地处大陆南端，传播时间上晚于其他流派代表城市。阳江风筝传统何以保持上千年历久不衰，与潍坊风筝并驾齐驱？这与阳江作为中国古代南海上“丝绸之路”的中转港和补给港，以及古代的劳务输出基地有重大关系。

《梁书》记载，“天载初……郡常有高凉生口，及海舶每岁数至，外国贾人以通货容易”。1983年4月9日的《北京晚报》，发表了一则在非洲刚果黑角市郊发现一中国古墓群的消息，其中竟还有一张女碑，上写“阳江县黄门陈氏”，足见阳江人足迹之广。那时阳江人离乡时，大多是乘船从海上走的，人们以为远离的亲人就在大海那边。交通落后、通信困难，没法与亲人联系，阳江人便想起了可以在天空遨游的纸鹞。而阳江背山面海，旷野辽阔的地理环境，使得到处都是天然的放飞场。于是，每到秋高气爽时，扎个纸鹞，在鹞上给亲人写些问候语……

慢慢地，风筝也从幽怨的符号变成了欢乐的象征。载满了风筝文化的阳江，也变成可与潍坊匹敌的“纸鹞城”。

据清末《阳江县志》载：“重阳日，结伴携酒选胜登高，士人赋诗，儿童放纸鸢较高下或悬藤弓其上，风激之鸣响彻云霄，北山尤盛。”清代阳江文人的《竹枝词》中写道：浮图七级北山坳，纸鸢登高万影交。

多少年来，阳江风筝既保留了传统风格，又有特色创新，呈现较高的实用价值、欣赏价值和收藏价值。因此，它奠定了南派风筝的代表特色，在风筝文化的不断积淀之中，以其独特魅力独领风骚。

阳江南天风筝协会原会长陈龙介绍，阳江风筝独特的岭南风格与文化，首先，体现在本土题材上。如拥有发声的特色品种灵芝，以及腰节上用带有草根的茎作横杆的“龙头蜈蚣”，后者在全国也是独一无二。其次，在风筝图案描绘上体现岭南特征。北派风筝着重细腻的工笔人物画的近距离观赏效果，而阳江风筝则着重选择仿生型、粗犷型的大色块远观赏效果。放飞技巧上，阳江风筝不像北方风筝单纯讲究高度和稳定，而是讲究生动效果，力求动感形态。

北方流行于清明前后放风筝，而阳江风筝放飞时间段长，节日外，民间也会自发组织放风筝。在阳江，重阳时节放飞风筝与驱邪、登高和敬老美德相联系。每逢九九重阳，都要举办风筝大赛。过去以阳江北山、望瞭岭为登高放鹞场地之首选；近 20 年来，以鸳鸯湖南国风筝场为首选之地；同时，海陵岛、东平、沙扒渔港海边也是常年放鹞地。

与风筝结缘的一家五代人

以天为纸，书画琳琅于青笺，将云拟水，鱼蟹游行于碧波。“阳江工匠”梁玉泉一家五代人与阳江风筝结缘，他是承前启后的关键所在，父辈的风筝手艺在他这里发扬光大、后继有人。走进龙津路，狭窄的街道，古朴的骑楼，一家家小商品零售店堆积出人间烟火的喧嚣而亲切的气质，让人如同置身年代久远的黑白电影中。龙津路 123 号“玉泉商店”是时光定格的画面里一抹亮丽色彩，两只威武的醒狮各占据门廊一侧，杂货铺一样的斑驳老店，摆满各式形神皆备、色彩斑斓的风筝。关心阳江风筝的都听说过龙津路的“风筝世家”——梁家。

风筝艺人梁玉泉通过“传、帮、带”的方法，教学员扎制风筝。

运动员在市区南国风筝竞赛场放飞龙串风筝。

在阳江的风筝传承普系中，梁开枝、梁瑞川、梁汝兴、梁玉泉的名字，串起四代技艺传承，这个“风筝世家”到梁玉泉这已是第四代，他的父亲梁汝兴是阳江风筝的传奇，有“风筝大王”的美誉。梁玉泉年少时便接过了父亲的衣钵，日复一日、年复一年地守着老风筝铺，他大多数时间，都蹲坐在小店的木桌前，削竹、缠线、裱纸。作为广东省非物质文化遗产阳江风筝项目省级代表性传承人，梁玉泉和他的父亲一样，用一剪刀、一尺子，一铅笔、一卷线，做阳江传统风筝技艺传承、推广的“摆渡人”。目前，梁家的风筝技艺已经传承到第五代，梁玉泉的女儿梁淑娴跟着父亲做风筝，她擅长在传统手艺中注入年轻人审美意趣，目前已经是广东省非物质文化遗产——阳江风筝项目市级代表性传承人。扎制、裱糊、绘画、放飞，风筝“四艺”，每一艺，梁玉泉都追求极致。

他的一双巧手，是匠心和童趣的奇妙融合。一根竹篾，一张纸，一点颜色，一根线，花鸟虫鱼，瑞禽仁兽便跃然其手上，形似神亦妙，细节皆可见精神。梁玉泉技术全面、手工精湛擅长制作和放飞龙类、板子类、硬翅类等南派风筝，代表作有“四蝶朝牡丹”“南瓜”“鸳鸯戏荷塘”“宝鸭穿莲”“荔枝”等。他制作的“四蝶朝牡丹”在2008年和2012年全国农民运动会风筝比赛中蝉联冠军。他还多次带队参加国内外各种赛事为阳江风筝的传承与创新做出不可磨灭的贡献。“云上精灵随风去,鼍城鹞匠留绝响。”2017 年,梁玉泉的父亲梁汝兴去世,阳江人皆痛惜这位风筝匠人的离去。梁玉泉收拾起悲伤。不曾忘记父亲遗志,他用一只漆皮箱将父亲的风筝作品都珍而重之地收藏了起来。“我父亲的作品大都跟他的生活经历相关,你看这只螃蟹风筝,就是他看到别人吃螃蟹之后制作出来的。”梁玉泉说。对父亲作品的收藏,不仅是儿子对父亲的无尽怀念,同时也是一名传承人所应该担负的责任。

在梁玉泉看来,前辈做风筝的手艺、尺寸都留在老风筝身上,收藏这些老风筝便是传承阳江风筝技艺的重要一环。“对于风筝来说,尺寸比手艺更珍贵,手艺你可以去学习,但风筝的尺寸是前辈们经过几十年的制作、放飞经验,一次次地改良、探索出来的,它决定了一只风筝是否美观、能不能飞得高。”梁玉泉说,尺寸是老前辈给我们留下的财富。梁玉泉自家 4 层半的小楼,摆满了各式从不同地方收藏回来的阳江传统风筝,大大小小、造型各异,其中最久远的一只已超过 30 年。这些老风筝大多都残破,但梁玉泉依然如宝贝一样收藏着,他甚至能说出每一只风筝以及制作者的故事。“这些风筝的工艺不一定是最好的,但它们曾经存在于阳江传统风筝的历史上,老前辈把它做了出来,他们和他们的作品,都不应该被忘记。有机会,我会把它们复刻出来。”梁玉泉说。

让阳江风筝文化融入百姓生活

据市文广新局不完全统计,自 1986 年我国恢复风筝比赛以来,阳江风筝队代表广东参加全国及国际比赛,获得的金牌数超百枚,团体总分居第一的有 10 余次,是全国获奖最多的一个团队,这也让阳江风筝品牌享誉国内外。

阳江灵芝风筝 1990 年获得“世界十绝风筝”称号,曾连续 5 年夺取全国风筝比赛板子类冠军;1991 年,阳江举办了全国首届风筝比赛,并获得“广东风筝之乡”称号;1993 年,阳江获得“中国风筝之乡”称号;2005 年,阳江风筝被列入省级非物质文化遗产保护名录。

阳江“灵芝”风筝。

梁治昂(右)在制作风筝。

屡获殊荣的同时,阳江风筝传承和发展步伐却略显缓慢。阳江有名的风筝制作一条街龙津路,在十三四年前,还有60多户是靠制作风筝维系生计的风筝制作专业户,每年风筝的生产量在1万只左右。如今,这条街制作风筝的作坊不过两三家。令风筝老艺人忧心的是,如今掌握风筝制作技艺的人越来越少。市风筝协会副会长梁治昂表示,如今阳江能扎制传统风筝的不足20人,多是上了年纪的人。在阳江市风筝协会、阳江市蓝天风筝协会100多名会员中,绝大部分都是40岁以上的人,鲜有年轻人主动加入。

尽管行业不如从前辉煌,但作为南派风筝的代表,阳江风筝影响力犹在。在第七届全国农运会上,阳江风筝队夺得团体总分一等奖,另获5个单项一等奖。2013年重阳节期间,在家门口举行的“金山凤凰杯”首届广东省风筝锦标赛上,阳江毫无悬念地夺得该项赛事的团体总分第一名,阳江选手在8个组别比赛中囊括5个组别的冠军,充分展示了阳江风筝的强劲实力。

2013年5月,广东省风筝协会在阳江成立,成为落户地级市的首个省级体育协会,中国风筝协会副主席、省体育局副局长曾晓红当选首任会长。她说,协会的首要任务是担负起保护非物质文化遗产的历史责任,挖掘风筝的文化和精神内涵,实现传承民族传统文化和建设文化软实力的社会价值。同时,还将通过加强培训、举办更多比赛,吸引更多爱好者参与风筝活动。这让阳江风筝忠实的守候者看到了希望。

广东省风筝协会秘书长陈永雄是地道的阳江人,他从20多年前就开始痴迷风筝。陈永雄介绍,从2009年开始,阳江一帮风筝爱好者开始四处奔走,去到广州、珠海、深圳、中山等地的公园,展示、放飞阳江风筝。他们还积极参与全国各地的比赛,代表阳江乃至广东获得荣誉无数。

▶链接

本篇介绍1个非遗项目,即阳江风筝,它是中国风筝“南鹞北鸢”中“南鹞”的典型代表。阳江风筝活动从明清时期已相当兴盛,1992年阳江市人大常委会通过决议将重阳节定为“阳江风筝节”,1993年阳江被国家体委命名为“中国风筝之乡”。此项目2007年被认定为传统技艺类省级非遗项目,代表性传承人有阮权、梁玉泉、梁治昂等。

“漆”光异彩岭南春

明清时期，阳江漆器已成为普通家庭的必备品，漆皮箱、漆皮枕头、漆花木屐、漆梳妆盒、漆暖水壶是当时嫁妆的五大件。最盛时，阳江漆器从业人员达到 *400* 多人，月产数万件漆器。

扫码阅读

“静女心如发，名师手有神。阳江朱漆好，留得岭南春。”这是我国著名诗人、时任文化部副部长田汉在 1962 年到阳江漆器工艺厂时给阳江漆器题写的诗句。漆艺即是漆工艺、漆艺术。它是一门以漆为主要使用材料的艺术门类，包含漆器、漆画和漆塑等。无论是平面的造型还是立体的造型，无论是日用品还是装饰品，只要使用到漆，都属于漆艺的范畴。

阳江的漆器制品是中国传统的工艺美术品之一，它作为一种文化载体，在中外友好、文化艺术交流、艺术品收藏、艺术欣赏中起到了桥梁纽带的作用。

阳江漆器曾驰名中外

从浙江余姚河姆渡遗址发现的朱漆木碗屈指算来，漆器已经伴随中国人走过 7000 多年的历史。明末清初时，阳江开始生产漆器，至今已有 300 多年历史。

明清时期，阳江漆器已成为普通家庭的必备品，漆皮箱、漆皮枕头、漆花木

范俊漆器作品：《百子瓶》（80cm × 50cm）

游客在参观阳江漆艺院时欣赏漆艺作品。

屐、漆梳妆盒、漆暖水壶是当时嫁妆的五大件。清代诗人谭松年作《阳江竹枝词·漆皮箱》:"赠君珍重载衣裳,定造成双黑漆箱。从此黑头人不老,相投胶漆两情长。"来表达人们赋予阳江漆器的美好祝愿。《阳江县志》载,晚清时,阳江县的漆皮箱、漆皮枕已驰名中外。当时,县城西门街(现南恩路西段)有漆器店20多户,出现了"老义和""广泰成"等著名漆器店。

最盛时,阳江漆器从业人员达到400多人,月产数万件漆器。1958年阳江县地方国营漆器工艺厂成立,漆器厂成立之后,阳江漆器在数量和质量上都达到新高峰。当时漆器厂集中了阳江漆业包括傅乃彬等在内的精英,漆器厂的产品在东南亚、日本、美国等地大放异彩。1962年,时任文化部副部长的田汉参观阳江漆器后,赋诗赞美:"静女心如发,名师手有神。阳江朱漆好,留得岭南春。"

曾爱琼漆器作品:《仕女图梳妆盒》
(27.5cm×21cm×16.5cm)

江城漆艺主要以漆器为主，分皮胎、布胎、纸胎、木胎、瓷胎、陶胎等，其中以皮胎、布胎、纸胎漆器最富传统特色。江城漆器以生产漆箱、漆枕、漆盒等小件漆器而闻名，传统漆艺产品具有质轻、坚固、防潮、耐水、耐碱、耐热、耐磨、耐大气侵蚀、硬度高以及漆膜丰满、光亮、古雅、美观等特征，具有长时间不变形、不褪色的优点。江城漆业主要生产实用型漆器工艺品，如：漆器家具、漆器用品，到有欣赏、收藏价值的美术工艺品：如漆摆件、漆画等，其中较大件的皮制漆艺制品在全国也只有阳江能够生产。在制作技法上有髹罩、镶嵌、描金、莳绘、雕填、变涂、贴金、贴银、戗金、化漆、堆漆、泼漆、弹彩、研磨和印花等技法，用色则通过调入银硃、石黄、石绿、宝红、钛白等入漆原料，由原来的黑、朱两色，增加到多种色漆，又加入使用螺钿（包括各种贝壳、螺壳）、蛋壳、金银箔、石片、闪光磷等材料，极大地丰富了江城漆器的艺术表现手法，拓展了阳江漆器的艺术创作空间。

这里有必要解释一下“髹”（音：休）字的意思：它是作为漆艺的专有动词使用，以漆饰物谓之“髹”，民间则把以漆饰物的动作也称为“漆”。《汉书·外戚传》第六十七下：“其中庭彤朱，而殿上髹漆”。古人言漆工，或言漆器，常用这两字来概括。髹饰工艺是中国古代在艺术品上采用的一种工艺，用漆漆物，谓“髹”；“饰”，寓纹饰之意。不同髹饰变化结合，迎来阳江漆器的千文万华。人们对漆器的要求已不只满足于生活需要，为提高国营漆器厂的产品水平，1963年，广东省派出若干技术人员前往各地学习，漆器厂工人范俊等一批漆艺技术人员先后接触了福建的脱胎、平遥的彩绘、四川的研磨、扬州的螺钿镶嵌等漆工艺。靠着皮胎漆器髹饰技艺，阳江漆器与北京漆器、扬州漆器、福建漆器、四川漆器齐名。

1976年下半年，漆器厂厂长沙泗组成攻关小组，开发大漆的替代涂料。经过反复摸索和艰苦试验，以腰果壳液为主要原料，研制出了天然树脂型油基漆——腰果漆。1982年，产品基本定型，并投入批量生产，漆颜色相对鲜艳，成本较便宜，非常适合首饰盒等小漆器饰品的工艺。用腰果漆髹饰以后，阳江漆器进一步形成五彩缤纷、色泽靓丽的地方特色。阳江腰果漆器的胎质，不再守住传统的皮胎，而有木胎、布胎、塑料胎等。漆器产品也不再是当初单一的漆皮箱和漆皮枕，到20世纪80年代初，发展到大床、衣柜、桌子、椅子甚至碗碟、筷子等日用家居用品，有800多个品种。当时，阳江漆器出口值最高达到680万元。

因漆画而重新焕发生机

阳江漆器可以说是从生活中走来，适应生活的需要而形成。一开始以实用为目的，后来才赋予了它审美的功能。当初，阳江生产漆皮箱、漆皮枕，髹以红、黑两色漆，继而生产皮雕漆盒等。漆皮箱以其特有的防潮防蛀功能，且美观大方，成为贮器首选。

改革开放后，由于经营不善及社会环境变化等原因，阳江国营漆器厂和许多国企一样转制了。受到物美价廉的塑料等制品冲击，漆器市场迅速萎缩。1996 年，阳江漆器厂基本停产。如今，在阳江的大街小巷，再难觅得专卖漆器的店铺。普通人家，也难见漆器的踪影。目前阳江真正从事漆艺的人有多少？有人说，仅有寥寥数人；也有人说，大概二三十人，最多不超过 50 人。阳江漆艺产业协会成立时，几乎集中了阳江所有与漆艺相关的从业人员，会员不过 60 人左右，这里面有些人仅是漆艺爱好者。

漆器低迷，漆画却逐渐走俏，并以雍容华贵之姿进入人们的视野。

“阳江目前从事漆艺的，大部分是从事漆画。因为漆画不仅制作起来相对方便，也更加有市场。”市美协漆画艺委会主任冯树华说。漆器厂逐渐萧条直至解体后，漆艺的辉煌不复存在。一帮痴迷漆艺的老工人利用漆器厂的资源，组织创作漆画，并在国内屡获殊荣。

制成一幅漆画，要经过一套十分复杂的工序。构思设计素描稿后，用复写纸把图稿拷贝到漆画板，在漆板上撒上金粉、银粉，留下影像，再层层涂漆上色，贴上木屑粉、瓦灰粉或蛋壳、金箔、银箔等材料，还要用砂纸打磨，用植物油或瓦灰等抛光、罩染、揩清。在漆墨苑，陈奇积的学生、25 岁的阮文峰正专心致志地描饰银粉。在阳江职院选修漆艺后，阮文峰便迷上了漆艺。阮文峰说，有很多朋友喜欢自己的漆画，还有人出三五千元购买，如今若以漆画谋生，不成问题。

漆器，才是阳江漆艺的根本。阳江漆画只是附生在漆器上的分支，传统漆器若丢失了，就等于失去了“人无我有”的特色，失去了工艺美术的立身之本。

当阳江漆器髹饰技艺 2011 年被列入国家级非物质文化遗产名录，成为我市首个国家级非物质文化遗产时，对于阳江漆器老艺人来说，荣誉加于身，肩上的担子更重了。

作为传承人的傅以周，还兼着阳江漆艺馆馆长一职，最近他忙于撰写漆艺馆可行性计划，准备对阳江漆艺进行全面系统地收集、记录、整理、分类、编目，对其历史沿革、传承系统、表现形式、文化内涵等进行确认，并建立系统的档案。“只要每个人都出一分力，即便是具体而微的事情，相信假以时日，也能星火燎原了。”傅以周说。

父子坚守接力传承漆艺

树石流水，百鸟争妍，天空、树下、河边的鸟儿们形态各异，细节纤毫毕现，透出无限的生命力，在(阳江漆器髹饰技艺)省级代表性传承人范高亮的家中，一幅长 1.2 米，宽 0.8 米的百鸟争妍漆画图引人注目。范高亮用手轻轻抚摸画上的鸟儿，忆起一段代代相传的约定。

“这幅漆画是父亲用不同技法制作

漆画《百鸟争妍》（1.2mX0.8m） 范俊 作

而成，画中融合他一生所学，他把这幅画传给我，希望我能掌握画中技艺并一直保护和传承下去。”看着眼前的漆画，范高亮脑海中浮现出年迈的父亲范俊耗时半年制作这幅作品时颤抖的双手，完成这幅作品后一年左右，父亲就与世长辞了。这幅画作，也成为父子间坚守、接力传承的见证。

范高亮出生在一个漆艺家庭，父亲范俊原是一名绘画师，后来被聘为漆器厂工作人员，因此开始学习漆艺也爱上了漆艺。因为工作的原因，范俊带着范高亮等一家子人住进漆器厂宿舍，从记事开始，范高亮就和漆艺打起“交道”。“父亲经常在家做漆艺，生活中接触最多也是漆器。”耳濡目染之下，范高亮开始跟着范俊学习漆艺，一学就是20多年。

“要达到这样的水准才算及格。”学艺的日子，范俊严格要求，范高亮则像海绵一般不断吸收新的知识。从学习到参与作品制作，范高亮的漆艺手艺变得愈加娴熟。范俊和范高亮合作的《百子花瓶》《鸡竹花瓶》《鹦鹉花瓶》等作品，得到了专家和漆艺爱好者好评。受到认可的范高亮内心非常兴奋，更加坚定了把漆艺做好的念头。

多年的积累和钻研，范高亮的漆艺作品形成自己独特的风格，得到不少人的喜欢。“父亲喜作传统花鸟，我则会在其中融入更多现代化元素。”范高亮说，传承之道首先作品要结合时代特点融入群众生活。范高亮讲述，虽然阳江漆艺有着300多年的历史，但其地位并非一直屹立不倒。1995年，随着工业漆的出现，对阳江漆器市场造成冲击，漆器市场迅速萎缩，不少漆器工人开始转业，此后十余年阳江漆器淡出人们的视野。直至2007年，阳江漆艺成功申报省级非物质文化遗产项目才再次卷起浪潮。“不紧跟时代，就会被时代淘汰。”受父亲影响，范高亮有扎实的绘画基础，结合时代特点创新技艺。

“我曾对父亲许诺，一定要传承弘扬阳江漆艺事业。”2013年，范高亮和漆艺同行发起成立“阳江市漆艺产业协会”，建立项目保护机构框架，团结组织阳江漆艺人才。逢周末时，范高亮会与协会成员进行“头脑风暴”，他们集思广益，探讨关于漆艺的传承和创新，让漆艺能有更多的可塑性，更好地融入群众生活，为手艺传承打下坚实基础。

范高亮漆画作品《孔雀》获得大湾区工艺展国匠杯银奖。

传承和保护还需要精彩的展示，位于阳东区雅韶镇的阳江漆艺院，琳琅满目的漆艺作品陈列其中，引得前来参观的游客阵阵惊叹。2013年9月，范高亮与有识之士组织成立“阳江漆艺院有限公司”，范高亮被公司聘任为设计总监，现在公司已经成为项目保护单位和省级非遗传承基地、省级非遗生产性保护示范基地。

与时俱进的创新发展，才是最好的传承。2016年5月，范高亮以传承人身份参加了中央美术学院第三届“非遗保护与现代生活”——中青年非遗传承人高级研修班，并将这次学习成果在北京太庙作了展出。2017年范高亮被命名为（阳江漆器髹饰技艺）省级代表性传承人。2018年入选“广东省基层宣传文化能人”榜单。范高亮创作的漆画《海景图》获得2019年粤港澳大湾区工艺美术博览会铜奖，漆瓶《梅花锦鸡瓶》获得2020粤港澳大湾区工艺美术博览会“国匠杯”铜奖，漆画《鸡》被广州陈家祠省民间工艺美术馆收藏。

“传承，仅靠少数人努力远远不够。”范高亮表示，下一步将继续学习，结合时代多创作、多展览、走进校园、走近群众、创新教学，让漆艺在新生代中焕发活力，让阳江漆艺走向世界绽放光彩，为阳江非遗文化高质量发展提供动力。

传承漆艺需要技术更需精神

傅以周在创作。

当下阳江漆艺面临的最大问题是什么？如何才能让漆艺走进更多人的日常，重现阳江漆艺当年的辉煌？对这些问题，笔者曾和阳江漆艺非遗传承人傅以周有过一次精彩的对话。在对话中，傅以周对阳江漆艺如何更好地传承并发扬光大，提出了自己的独到见解。

笔者：如今在阳江漆艺界，从事漆器、漆画创作的寥寥可数，您觉得这个行业缺些什么？

傅以周：眼下阳江漆艺界，从胎骨、裱布、涂漆、装饰……能从头至尾掌握漆器制作全过程的人不多，在制作工序上，一些工艺细节的把控能力上都有许多精微的讲究，但大家不大重视。

与技艺流失的，是传统手工作业精神的缺失。一些人唯利是图，急功近利，遗弃了漆艺行业一些传统和精神。一旦精神或者追求出现偏差，就很难保证作品的气息纯正和高水准。

笔者：正因为一些技艺缺失，一些人选择门槛相对较低的漆画创作？

傅以周：漆艺是河床，漆器是河床的水，漆画是水上的生长物。所有漆艺的精髓都在漆器里面。如果把漆器丢了，一味鼓励漆画，漆艺的传承和发展就难以为继了。

对漆画的热衷，这不是阳江漆艺界由于去难就易的选择问题，应是中国漆艺界的问题。

笔者：一些人认为，漆器没落的根源在于技艺的陈旧。

傅以周：很多人认为是市场的问题，或者技艺的落后，这种观点我不是很赞同。技艺不存在陈旧的问题，陈旧的是我们做出来的漆器，由于审美取向上的陈旧，远离了现代人的生活。

漆画《叠金花》。 傅以周 作

笔者：漆器未来出路在哪？

傅以周：还是要靠市场，让漆器回到人们的生活当中。在日本，漆器已成为生活的一部分，但同时它又不全是实用品，也是一种文化的象征。可以断言，如果漆器未来的舞台仍然是展览，它的前景不会灿烂。漆器要想在现代市场上谋得一席之地，应该同时具备实用和艺术价值。只有走进生活，具有一定的市场，被大家消费得起，才能有立足之地。然而仅仅为市场而市场，而忽略漆器本身的技艺诉求，过于粗劣化，也意味着降低其艺术品质，这也不利于漆器的发展。

笔者：阳江漆艺曾名声在外，如今发展最紧迫的任务是什么？

傅以周：人才培养。阳江从事漆器、漆画创作的才 20 多人，要传承漆艺，这个数字远远不够。

论及人才培养，大学培育是最好的。如今在江西、黑龙江等不是漆艺基地的省外高校，都设立了漆艺专业。但我们阳江职业技术学院，才办了些选修类课程。要想取得大效果，设立漆艺专业是必须的。高校培养漆艺专业的学生，为阳江的漆艺事业持续发展打下坚实的基础，才有可能改变阳江漆艺后继乏人的现状。源源不断地输出专业人才，阳江漆艺的传承大有希望。

▶链接

本篇介绍 1 个非遗项目，即江城漆艺，漆艺包含漆器、漆画和漆塑等，江城漆艺以漆器为主，江城区明末清初开始生产漆器，至今也已有 300 多年历史，2011 年，江城区被授予“广东省漆艺之乡”称号。江城漆艺于 2008 年被认定为传统技艺类区级非遗项目，代表性传承人有傅以周、范高亮等。

一"切"顺利看小刀

阳江小刀具有锋利好用、坚固耐用、美观实用等三大特点，在国内享有"小刀王"的美誉，产品远销亚、欧、美、非等洲的40多个国家和地区。

扫码阅读

阳江小刀。

外商在阳江刀博会上挑选阳江刀剪。

每天清晨，当朝阳升起的时候，在东风四路两侧，在金郊工业区一带，在鱿鱼头桥……一大批勤劳的人，从城市的街道逐渐“融”进密集的五金刀剪工厂。傍晚，随着日落西沉，这批勤劳的人儿，又如归巢的鸟，从工厂走出——衣服上还残留着新鲜的金属味道，走向城里或城外的家。

这正是“中国刀剪之都”——阳江五金刀剪工人的每日真实写照。一座柔情万种的滨海城市，竟囊括了中国菜刀中心、中国剪刀中心、中国小刀中心、中国美容化妆工具中心、中国脚轮中心、中国脚手架中心等诸多“硬核”称号。据统计，至2022年，全市五金刀剪行业市场主体近万户，行业产值超过550亿元，营业收入超过2000万元以上企业有108家，亿元以上25家，从业人员近20万人，产值和出口量分别约占全国的75%和85%。

这片土地上，一座“刀剪王国”究竟是如何构建起来的？

阳江刀剪的“前世今生”

2022年12月20日，第21届中国（阳江）国际五金刀剪博览会开幕式暨“阳江五金刀剪”区域品牌在位于江城区的阳江国际会展中心举行。本届刀博会以线上方式举办，创新办展方式，与阿里巴巴国际站和京东等国内外知名互联网平台合作，搭建阳江刀博会云展厅。开幕式当日同步举办“阳江五金刀剪”区域品牌发布活动，旨在突出推动刀博会内外贸融合发展，加快阳江五金刀剪产业融入“双循环”。

从2002年至今，一年一度的阳江刀博会已连续在江城区举办了二十一届。

2015 年初，阳江国际五金刀剪商贸城试业，来自本土及外地的近 200 家企业进驻，商品涵盖五金刀剪、餐厨用具等类别，商贸城的目标是成为真正的“阳江五金刀剪国际交易平台”。随着商贸城的试业，刀博会也将定址于此，继续见证阳江五金刀剪产业的前世今生。

阳江小刀制作技艺最初由打铁衍生而来，后来才发展出阳江小刀的专属制作工艺。制作一把传统工艺的阳江小刀，要经过选材、入钢、打刀、热处理、收尾等工序。据考证，阳江制刀历史可追溯至 1400 多年前。公元 557 年民族英雄冼夫人屯兵两阳，在阳江地区制作了大量兵器。清《冯氏族谱》载：“……冯大将军生平所用八十二角鹅眉宣锦大刀纳于冢中”。冯大将军即冼夫人的孙子冯盎，曾任宋康令（今阳西一带），公元 646 年病死，葬于阳江城内北山。这“鹅眉宣锦大刀”即阳江俗称的“大杀刀”。其后，其制刀工艺传至民间，生产各种民用刀，此为阳江五金刀剪产业发展之源。

至清同治年间，阳江县城的工商业日渐兴旺，手工业异常繁荣，形成了大规模的制刀作坊，其生产地点即位于现在的江城区打铁巷。这个时期的代表作是何传利铁匠制作的“文武刀”，时价卖至每把 4 毫白银。广东有 10 多个县的客商云集阳江县城进行多种商贸买卖等活动，刀具等传统产品成了各地商家争相采购的货物。当时国内著名酒楼都向何传利定制菜刀。《阳江志》（民国十四年版）有记载“铜器・小刀花剪俱佳，货行远近”，说明了江城当时的剪刀锻制技艺已经具有相当的水平，在产品质量、外观造型等方面都有好的口碑。

20 世纪 50 年代以前，阳江小刀主要以小作坊（打铁铺）模式生产，分布在阳江城（现江城区）与城郊农村，如城里的打铁巷、平冈镇良朝、那霍、潭塘洲等地。在这些打铁铺中，以“何传利”产品最为著名。阳江铁匠梁季芙制作的“季芙小刀”在“何传利文武刀”的基础上进行了更新改良，以其锋利、耐用、美观而在全国小刀评比中获奖，选送世界博览会参展。从此，阳江小刀闻名海内外。梁季芙用汽车的弹簧钢特制一把牛角柄金铜头勾尾竹叶形小刀，用来劈削石竹节既不卷口，也不崩口，锋利无比。渐渐有人跟他索要，索要小刀的人多了，梁季芙便开始专门研制小刀。他生产出来的小刀造型奇特，小刀前端特别尖锐锋利。由于锋利实用，梁季芙制作的小刀“千金难求”。在当地，曾流传这样一句话形容梁季芙：“一日三把刀，吃用够花销。”

后随着从事小刀制造的人数逐渐增多，当时的阳江城出现了一些新小刀作坊，比较集中的有那格村和观过村。1955 年公私合营后，小刀制造工人被集中起来，组建了四个小刀生产合作社。1958 年，又合并成立了“阳江县地方国营小刀厂”。改革开放后，阳江十八子、盛达、银鹰、永光、鸿丰、巧媳妇、金辉等民企开创了阳江小刀新的时代。

阳江小刀具有锋利好用、坚固耐用、美观实用等三大特点，在国内享有“小刀王”的美誉，产品行销亚洲、欧洲、美洲、非洲等40多个国家和地区。

阳江刀剪的传承创新

就像人们在文字里读到人生，阳江人在这些“刀剪”里最终找到了自己的命运。

新中国成立后，我国实行了公私合营制度，阳江将民间制作菜刀、小刀、剪刀及铁器的家庭作坊联合起来，组建了阳江县国营小刀总厂（1988年更名为阳江市国营小刀总厂）和阳西县城的织篢五金厂，形成了两大刀剪生产厂家。

计划经济下，国营阳江小刀厂一枝独秀，曾留下过辉煌的历史：由初期的500人发展至1700多人，为当时国内最大小刀生产厂之一。1982年小刀出口50万把，1986年和1988年相继获部优、国优产品，1991年产值达2亿元，为当地人炫耀一时。而几十公里之外的织篢镇五金厂也毫不逊色。1979年，该厂被湛江地区轻工业品进出口公司指定为出口产品生产基地，年产刀剪20万把，年产值50多万元。除了国营小刀厂、织篢五金厂外，阳江当时还有二轻五金小刀一厂、二轻五金小刀二厂、江城五金制品厂、江城小刀厂、超美人民公社农具刀剪厂和10余家街道小刀厂从事小刀、剪刀生产。

20世纪80年代末至90年代初，富有活力的个体、民营刀剪企业的横空出世，致使体制陈旧、管理滞后的国营阳江小刀厂，不堪冲击，元气大伤，1992年时已走下坡路，1997年寿终正寝，结束了阳江小刀发展的一段光辉历史。其他国营、集体企业也纷纷改制，阳江刀剪业进入以民营为主的时代。

但无论时代如何变迁，位于江城区的原阳江县（阳江市）国营小刀总厂，都称得上是当今四处开枝散叶的阳江五金刀剪产业的“母厂”和“输出地”。

“北有王麻子，南有张小泉。”进入新时期，江城区的五金刀剪产业，也迎来了新的融合发展阶段。

2021年10月18日，阳江市张小泉智能制造有限公司在江城区银岭科技产业园举行竣工投产仪式。作为国内刀剪行业的龙头企业之一，张小泉阳江智造基地投产后将实现年产各类产品超3000万件，成为具备国际高度的中国五金刀剪工厂门户，进一步助推江城区乃至阳江市五金刀剪产业自动化、信息化、智能化转型升级。

“张小泉”是拥有近400年历史的中华老字号品牌。2021年9月，张小泉股份有限公司在创业板成功上市，成为中国“刀剪第一股”，完成了企业升级的关键一环。此次投产的阳江市张小泉智能制造有限公司，是张小泉股份有限公司旗下全资子公司，成立于2018年，坐落于江城区银岭科技产业园，是我市重点建设项目之一。

阳江市张小泉智能制造有限公司用地面积8.6万平方米，总投资超过3.5亿元。项目主要包括高档刀剪的制造中心、研发中心、检测中心、供应链中心、综合办公楼及配套宿舍，并安装智能化的全新先进生产设备和检测设备，基本实现大比例自动化五金刀剪标杆工厂的建设目标。项目投产后将实现年产各类产品超3000万件。未来，张小泉阳江智造基地还将配置自己的冷轧工厂，实现从原料、工艺、生产、物流全产业链的贯穿升级。

张小泉股份有限公司董事长张国标在竣工仪式上表示，阳江智造基地是“张小泉”转型升级的重要项目，项目建成后将实现浙江杭州、广东阳江“两地驱动”，进一步推进自动化、信息化、智能化的产业建设。“张小泉”将始终坚持科技创新与智能制造，充分利用江城本地资源及优势，引领产业集聚升级，为阳江五金刀剪产业在国际市场上进一步做大做强作出应有的贡献。

与此同时，在改革开放大潮中成长起来的“阳江十八子”“银鹰”“永光”“金辉”等民企，开创了阳江小刀的新时代。在继承传统小刀制作技艺、剪刀锻制技艺的基础上，其创立的各个品牌产品不仅在国内市场大行其道，还以前所未有的气势把“阳江小刀”品牌推向世界。截至目前，阳江五金刀剪产业毫无争议地拥有了“六个最”：

品牌知名度最高。正是这些知名刀剪品牌的树立，使阳江被誉为“中国刀剪之都”。中国菜刀中心、中国剪刀中心、中国小刀中心、中国美容化妆工具中心、中国脚轮中心、中国脚手架中心等15个国字号中心均先后落户阳江。阳江主导或参与制定国际标准1项，国家标准、行业标准等14项。

产业规模国内最大。至2021年，

张小泉智能制造有限公司。

阳江市五金刀剪相关市场主体约8260户，从业人员近20万人，营业收入超过2000万元以上企业有108家，亿元以上25家。行业产值超过550亿元，约占全国总产量的75%，出口约占全国出口量的85%。

产业链国内外最完整。阳江已形成了生产企业、原材料、机械设备制造、热处理、贸易、物流和技术研发、质量检测等完整的五金刀剪产业链，拥有我国目前唯一的刀剪及日用金属工具国家级检验中心，聚集了全国最有影响力的知名品牌。

产业技术创新条件最好。全市有2个五金刀剪产业产学研创新联盟，2家省级、4家市级五金刀剪领域新型研发机构，14个省级、38个市级五金刀剪领域工程技术研究中心。2020年与广东海洋大学阳江校区成立了五金刀剪学院。建设了中国阳江（五金刀剪）知识产权快速维权中心、广东省质量监督不锈钢复合材料检验站和小五金产品检验站，并与德国、英国机构合作建设“阳江地方特色产业防伪溯源区块链创新服务平台”。

国际注册商标覆盖企业数量最多。阳江已在欧盟、美国和我国港澳台等40多个国家和地区进行了“中国餐厨用品出口基地·阳江刀剪”境外商标注册，获得“全球采购基地”认证。

刀博会国内外规模最大。自2002年起，刀博会每年一届，成为全国刀剪行业唯一连续成功举办20届的展会，获“中国刀剪第一展”的美誉。21年来，阳江刀博会办成了全国乃至全球五金刀剪行业规模最大、影响最广的专业展会。

一把小刀、一把剪刀撑起一条完整的五金刀剪产业链，阳江变成真正的“刀剪”王国。

阳江刀剪的集群发展

看似冰冷的刀剪，在阳江人的眼里，却是热情的。“赠人刀具，利人利己”，是阳江人的习俗。阳江还有一句俗语，“阿爸做刀肉，阿妈凸（打）刀眼”。

现代化的智能制刀生产车间。

本意是说爸爸是做小刀片的，妈妈是打小刀孔的。说明了阳江从事小刀业者众多，几乎所有人或多或少跟刀沾边。

阳江小刀传统制作工艺主要采用灌钢法、折叠锻打法，工业化量产后采用不锈钢板材，现在又引入了夹层钢、陶瓷、深冷处理、纳米处理等新材料和新技术。今天的阳江小刀，花式品种可谓千变万化，已从普通的日用刀具发展到专业工具和特种工具，每个大企业的产品样板房都像博物馆一样琳琅满目。

2012 年、2013 年，阳江小刀制作技艺、阳江剪刀锻制技艺迎来了一个传承和发展的机遇，先后入选省级非物质文化遗产名录。阳江十八子集团、广东永光刀剪集团的两位掌门人——李辉、张锐宗也先后成为省级“非遗”传承人。

阳江刀剪产业，在文化的映照下，焕发出越来越鲜活的生命力。经过多年的发展积累，阳江五金刀剪产业规模效应日益显现，吸引从业人员约 20 万人，已成为区域内规模最大、产业链最完整的产业集群，甚至是广东省内最为成熟的传统加工业集群之一。由于产业聚集度不断提高，阳江五金刀剪业已入选“中国百佳产业集群”，阳江先后被国家和省认定为中国刀剪产业基地和广东省火炬计划五金刀剪特色产业基地、广东省五金刀剪产业集群升级示范区，阳东区东城镇成为广东省五金刀具制品专业镇、国家级外贸转型升级专业型示范基地。

不只是企业的暗自蓄力，阳江市委、市政府也在不断加大对五金刀剪产业的扶持力度，加快阳江国际五金刀剪商贸城及江城银岭和阳东万象两个五金刀剪专业性园区的建设，进一步完善五金刀剪行业的技术研发中心、产品检验检测中心建设，引导高等院校扩大与全市五金刀剪企业的产学研合作，为全市五金刀剪企业构建更加完善的服务平台。

如今，鸟瞰江城银铃、阳东万象工业园区，五金刀剪企业向园区集聚已成为发展趋势。

随着园区建设的加快推进，配套条件的日臻完善，入园的大企业、大项目越来越多，对外吸引力也越来越强。这种明显的“吸附效应”，已为五金刀剪业人士所充分关注，更加增强了他们向园区集中转型发展的动力和信心。

向“云”出发，刀博会不断巩固和提升阳江刀剪在全国的行业龙头地位。自 2002 年以来，依托刀博会这一重大交流合作平台，阳江市五金刀剪产业加快转型升级步伐。第 21 届中国（阳江）国际五金刀剪博览会上，发布了“阳江五金刀剪”区域品牌，公布了区域品牌管理办法和首批区域品牌企业名录，共有 74 家五金刀剪企业进入首批名录。活动为获得首批“阳江五金刀剪”区域品牌授权的 12 家企业授证，美珑美利、鸿丰、力王、海联、银鹰、百创源等 6 家授权企业与国内外采购商进行了线上云签约。阳江市人民政府与广东省贸易促进委员会签署了关于进一步加强合作的框架协议，共同推动阳江企业大力开拓“一带一路”沿线、“RCEP”区

阳江刀博会上的精美刀具引人注目。

域等国际市场。

本届刀博会打造了国际、国内两个云展厅，与阿里国际和京东合作网上办展，打造一站式全天候网上办展模式。依托阿里巴巴国际站，刀博会助力刀剪企业向超过 200 个国家和地区的 2600 多万活跃企业开展推广和贸易，开拓国际市场。依托京东商城平台，刀博会助力阳江刀剪企业在京东刀剪行业 4310 家企业店铺中在推广、引流、产品曝光中占得先机。以刀博会为契机，阳江发布“阳江五金刀剪”区域品牌标识及管理办法，通过形象化、创意化标识打造，强化品牌形象。目前，74 家企业入选区域品牌企业名录，让阳江五金刀剪的品牌深入人心。

2021 年，广东海洋大学阳江校区迎来首届本科生，培育输送高素质人才的五金刀剪学院应运而生。2022 年，经阳江市委、市政府部署，材料科学与技术广东省实验室阳江分中心（阳江合金材料实验室）落户阳江校区，进一步“智”撑五金刀剪高质量发展。2022 年 10 月，广东拓必拓科技股份有限公司跻身工业和信息化部第四批专精特新“小巨人”企业名单，成为行业首个“小巨人”。

目前，张小泉、王麻子等著名品牌集聚阳江，与十八子、金辉等本土企业交相辉映，王麻子、张小泉剪刀锻制技艺被评定为国家级非物质文化遗产，十八子阳江小刀制作技艺、永光剪刀锻制技艺被评为省级非物质文化遗产，“美珑美利”等品牌迅速崛起，始终保持国内乃至国际的领先地位，为阳江经济高质量发展做出了重要贡献。“中国餐厨用品出口基地·阳江刀剪”集体商标在40多个国家和地区注册。通过转型升级，目前，阳江刀剪制造形成全产业链发展，材料不断创新，工艺不断完善，制造的产品也更加卓越精良。阳江将坚持用品牌战略引领五金刀剪业开展技术改造、拓展市场、降本提质，提升竞争力，实现产业规模稳步提升。

百年“老字号”融入阳江制刀新工艺

指尖，拿捏到制刀的精度；身心，沉浸在技术的革新。在刀剪行业摸爬滚打10年，90后钟嘉良以“做好每一把刀”为目标，长期扎根生产一线钻研制刀技艺，积极投身技术革新与新产品试制，把自己从一个“门外汉”炼成了“行家里手”。

钟嘉良的父亲是广东金辉刀剪股份有限公司的总经理，也是阳江刀剪行业的“老匠人”，受父亲影响，钟嘉良从小就对制作刀剪十分感兴趣。2013年大学毕业后，他正式进入金辉工作，从刚开始学打样、冲压开料、焊接，到熟练掌握每个制刀环节的诀窍，钟嘉良一步一个脚印、踏踏实实工作。作为阳江刀剪的龙头企业，金辉拥有高端的智能生产设备和精良的制造工艺，“做自己的品牌”，一直是父子俩的共同愿望。2020年，钟嘉良推动金辉公司与有着370年历史的“中华老字号”王麻子联姻，并拜师于王麻子第八代传承人史徐平正式成为王麻子非遗技艺第九代传承人。

作为新任“掌门人”，钟嘉良接手王麻子后的第一件事，就是如何让老品牌焕发新活力。“科技+”让非遗技艺破圈新生。冲压开料、热处理、焊接、磨刀、开口……生产车间内工人们正有条不紊地赶制王麻子内销的订单刀具。公司已陆续实现自动开料、自动焊接、自动打磨三大工序智能化，大大缩减一线技工的上岗时间提高生产效率的同时降低了产品不良率。

业内领先的制刀工艺让钟嘉良打造全新一代的王麻子有了更足的底气。他创新性地将现代先进制刀技术与王麻子非遗锻造技艺相结合，采用空心柄焊接数控设备、冰锻淬火技术、3D圆弧光磨专利技术等国内领先的技术手段，从材料、工艺、锋利度、用户体验、检测标准等6大核心方面，对王麻子系列菜刀进行全面升级，不仅使制刀产能比过去提高了7倍，产品品质和颜值大大提高，而且实用性和舒适性也更强。曾经广受欢迎的经典产品“黑刀”菜刀存在涂层材料不达标、外观粗犷、使用硌手等缺点，但经过改良后新一代的“黑刀”菜刀品质不仅得到国内外的高度认可，还获得厨刀品类的德国IF设计奖。

凭借一股年轻人敢创、敢试、敢干的精神，钟嘉良还带领团队研发王麻子“子木”系列厨刀，以高端大马士革钢为材料，从刀身到刀柄的制作，首创一体化锻造技术，耗费两年多时间，才打磨出相对满意的产品。“有时我也很疑惑，花这么多精力去研究一把刀，究竟值不值得？”回忆起研发过程，钟嘉良感慨。他们团队遇到了许多“卡脖子”的技术难题，曾一度想放弃。最后依然选择坚持下来，是他认为这把大马士革钢刀的制作技术代表了一家企业的制刀水平，也是阳江五金刀剪企业，敢于挑战新高度的一次探索。不是进口的东西才是最好的，中国制造同样精良。

如今王麻子智造基地项目落户阳东区，该基地投资约5亿元，建筑面积达17万平方米，项目建成后，将形成更加多元化、产业链更完整的产业发展格局，预计可实现年产厨刀6000万把。“人的精力是有限的，一辈子能做好一件事已属不易，我这辈子就和‘做好每一把阳江刀’这事杠上了。”钟嘉良表示，老一辈匠人留下了很多宝贵的经验，作为新一代传承人不仅要接稳这根“接力棒”，还要敢于革新这样才能助力阳江刀剪，从“制”造向“智”造不断升级推动民族国货领跑全球。

▶链接

本篇介绍1个非遗项目，即江城小刀，江城小刀制作技艺最初由打铁衍生而来，早在清代就已远近闻名，江城小刀在国内享有“小刀王”的美誉，于2008年被认定为传统技艺类区级非遗项目，代表性传承人有李积回、梁忠宝等。

方寸之间见真章

“老左印章”所刻的印章，既有豪壮飘逸的书法笔意，又有优美悦目的绘画构图，更兼有刀法生动的雕刻神韵，可称得上“方寸之间，气象万千”。

扫码阅读

印章是我国古老文化的符号，《周礼》中就有“货贿用玺节”的记载，这是印章在历史上最早的文字记录。“玺”是印章最早的名称，秦以后，只有皇帝的印才称之为“玺”，臣民则称之为“印”。印章的重要组成部分是印面，它通过线条、字的结体来表现相似于音乐的节奏与旋律，是情感的表达。东汉以前，纸张还未出现，公私文都是写在竹简、木札上，封发时用绳捆缚，然后在绳的交叉处用潮湿的黏土贴牢，再在黏土上盖上印章，作为验收信件的质证，这是当时印章的主要用途，同时也用作身份凭证和行使职权的工具。明清以后，印章又作为书画的组成部分为书画增色。

阳江依山傍海、山高林密，大八、塘坪等地盛产的木棉木具有木质结实、光亮、光滑等特点，是雕刻印章的优质木材。阳江印章雕刻要经过七道工序：磨平印面、设计印稿、印稿上章、固定章胚、拾刀雕刻、修改调整、刻边款和拓边款，力求印文线条和布局达到书法、章法和刀法的完美结合。

“方寸之间，气象万千”

手工雕刻印章，融入了雕刻者的

感情和温度，这是机器刻章所不能比拟的。

“老左印章”是阳江市区用传统手工技艺雕刻印章的“老字号”，有110多年的历史，这是一段百年四代人的家族篆刻史。“老左印章”始于1912年，创始人名叫左士良。左士良几岁时跟舅舅学做木工和雕刻花板，1903年在阳江南恩路的一新花版铺做学徒，长年累月的雕刻生涯，使他逐渐成为阳江小有名气的雕刻师傅。以前阳江人逢年过节打“粉酥”常用的模印、寺庙横梁的精致花纹和龙雕都来自他的手艺。1912年，他自立门户，手工雕刻“粉酥印”和印章用于谋生。

这门手艺也像“传家宝”一样，传给了他的子孙后辈。左士良的儿子左文容子承父业，成为“老左印章”的第二代传人。左文容虽没读过书，却通晓5种书体中最难的篆书，且最擅长篆书中的石鼓文。左文容平时刻章不需用纸写字样，手起刀落间约5分钟，一个印章就刻好了。左文容的三个儿子耳濡目染，跟着父亲学刻章。50多岁的小儿子左章色，已刻印近40年，年轻时就练就了一手刀随心走的雕刻技艺。“老左印章”手工雕刻技艺的传承，通过父教子，子再教子，或者兄教弟、夫教妻，将雕刻技艺口传心授、实际操作，使“老左印章”传统手工雕刻技艺，得到了较好的传承和发展。

各式各样的刻章工具。

手工雕刻印章，方寸之间见手艺功夫。除了掌握刻刀的技法，还要掌握正、草、隶、篆等各种字体的书写，并且能够熟练地反写。“老左印章”是百年传承的“老字号”，有深厚的家学渊源，每一代传人，都经过刻苦的技艺打磨，都有一手过硬的雕刻本领。“老左印章”所刻的印章，既有豪壮飘逸的书法笔意，又有优美悦目的绘画构图，更兼有刀法生动的雕刻神韵，可称得上“方寸之间，气象万千”。常有艺术家光顾“老左印章”刻章，目的是将印章用于书画题识，使书画增色，达到整体平衡的作用。“老左印章”本身的材质、印文、布局，包含了绘画、书法、篆刻等多种艺术样式，因此“老左印章”除了有艺术价值外，还是历史文化艺术的特殊载体，具有收藏投资的价值。

目前，“老左印章”在江城区有6间连锁店，手艺传承到第四代，“老左印章”成了阳江地区雕刻印章的一张名片。

早在20世纪七八十年代，印章的使用率还很高，几乎每家每户都有一两个私章，存钱、汇款或者领票据时，盖个印鉴作签名。当时，阳江城里尚有20

手艺人互相切磋印章雕刻技艺。

多名手工雕刻印章的师傅,“老左印章”的生意也很红火,每天都有不少顾客上门求章。随着时代发展,进入20世纪90年代以后,除了公章外,个人刻章需求下降,再加上印章雕刻机、激光雕刻机等设备的出现,传统手工篆刻技艺日渐式微,江城区能够完整掌握这一民间手工技艺的人已寥寥无几。不过,一些老客户和艺术家慕名来到“老左印章”求手工印章,这也让“老左印章”的艺人看到了手工刻章依然有生存和发展的空间。

本土老一辈的手工刻章艺人渐渐老去,而不少年轻人又因手工刻章技艺苦累,赚钱慢而不愿学习。目前,阳江市区从事手工雕刻印章行业的也只有两三家,“老左印章”就是其中的一家,而且是唯一能够用石材雕刻印章的一家。“老左印章”家族的篆刻史,也是时代发展的历史,他们传承手艺,也是传承历史。

目前,印章制作技艺已成为市级非物质文化遗产项目,我们希望有关部门予以更多重视,让印章制作技艺可以送课进校园、进社会,使这一古老的民间技艺能够得到更好的保护、传承和发展。

匠心妙手传承古老竹编手艺

鱼笠、簸箕、谷箩、鸡鸭笼、竹篮……这些散发着竹香的器具,曾在人们的日常生活中占据重要位置,如今已逐渐变成了集实用性与观赏性为一体的特色技艺。

竹编,作为一门古老的手艺,在漫长的岁月里,不仅为老百姓编织着必需的日常生活用品,也承载着许多阳江人难以忘怀的回忆。

据范士瑾纂修的康熙《阳江县志》记载,阳江竹类有勒竹、石竹、大头竹、单竹、青皮竹、黄皮竹、蒲竹、簩竹、水竹、苦竹、紫竹,竹材丰富。

碧桥村位于市区漠阳江西河畔,古时横跨河面建有石桥一座,为青色石板构筑,日光映照、翠绿发光,因名“碧桥”。200多年前,碧桥村叶屋寨家家户户共200多人已从事竹编加工业,1928年还成立了竹器厂。后来,叶屋寨经多年雨水冲刷被冲毁，搬至现竹厂村。竹厂村世代以竹编为生，20 世纪 50 至 70 年代，是其辉煌发展时期，制作的竹器供应给海陵、平冈、白沙、合山、塘坪、雅韶、岗列、城西等地。

碧桥竹编主要以手工为主，工具比较简单，一般有锯子和大刀。碧桥竹编的制作过程可分为竹材准备、编织、后期加工三部分。前期工序主要有斩竹、锯竹、破竹、开竹、去竹节、去竹眉、破篾、修竹丝等步骤。碧桥竹编编织类型根据产品实际来编织。多以一编一挑一编法制作，一般取竹篾两根，以一条上一条下的方式重复操作。主体完成后再进行后期加工，多根据产品实际进行，通常有做绞和扭耳工序。碧桥竹编的产品主要是各种生产生活用具，如蟹笠、鱼笠、抽仔、簸箕、谷箩、粪箕、鸡鸭笼、竹篮、竹椅等兼具实用性和艺术之美的竹制品。因为碧桥产竹器质量过硬，当年竹编系列产品曾被拍照整理推广。

碧桥竹编反映了江城区各时期的人文风情，是本土历史文化的一个缩影，为研究江城区的历史、社会情况等方面提供了宝贵的研究资料。但随着时代的发展，各式各样的其他材料制品慢慢代替了传统的竹编产品，竹编产品市场严重萎缩。同时，竹编技术主要依靠口耳相传，缺乏系统学习教程，不少技术手法在传承中遗失，这一传统民间手工艺面临后继乏人的局面。

和辉煌时期相比，现在的碧桥竹编手艺虽然显得有一丝落寞，但仍然有人在坚守初心，用巧手编制出各式竹编，市非遗项目碧桥竹编传承人叶任就是

叶任在家门口编织竹制品。

各式各样的竹制品。

其中之一。

叶任个子不高、皮肤黝黑，已74岁高龄的他，额头上布满皱纹。叶任说，碧桥村的竹编工艺有两百年的历史，他从十多岁时，便开始跟着父亲学习这门手艺，到现在已经是从事竹编制作60多年的老匠人。

竹编制作的前提是选好竹子，碧桥村的竹编材料主要有单竹、泥竹、石竹、黄竹等。单竹纹理一致，易于加工，泥竹兼有韧性和硬度，是做骨架的好材料，石竹硬度强，一般用作承重，他会根据不同的用途选择不同的材料。

一根竹子，要变成可用称手的器具可不容易。刮青、破竹、刮平、分层、起底、编织、锁口，经过一道道工序，一根普普通通的竹子，在匠人手中，可以变换出万千形态。

其中，"破竹"是竹编制作工艺的首道工序。只见叶任用竹刀将竹子按照四等分剖开，竹子变成了一根一根可用的篾丝。接下来，他搬出自己的"传家宝"剑门刀，这是最重要的环节之一。他将篾丝放在剑门刀上，轻轻一拉，反顺两次，竹条多余的部分就与之分离，这样，每根竹条的宽度都是均匀的，这是保证竹篾宽度一致的秘诀。

这个过程中，纤细的竹丝经常会插到手指里头，"像我现在手上的皮已经很厚，竹丝刺进来都没什么感觉了。"作为一名竹编制作匠人，要经过多年磨炼，手艺才能达到精熟的程度。叶任双手厚厚结茧的皮肤，都是岁月和技艺的沉淀。

一经一纬编出无穷创意，千丝万缕织就有形精品。加工好的竹篾根据不同的器物形状使用不同的编制手法。叶任主要使用的是经纬编织法，在横竖交叠间，穿插采用疏编、插、穿、削、锁、钉、扎、套等工艺，使编织出的竹器更加精美。

曾经，竹编是碧桥村最重要的产业。在当地村民、98岁老人叶昌英的记忆里，因碧桥村缺少耕种土地，整个村子都以竹编为生，所编织的箩筐、簸箕、提篮等生产工具制作精细、美观耐用，主要供应给海陵、平冈、白沙、合山等地。“漠阳江旁的竹编厂里，200 多人一起做工，场面十分恢宏，连空气中都是竹制品特有的气味。”叶昌英回忆道。

20 世纪 80 年代后，竹编制品慢慢被塑料、不锈钢等工业制品取代，而竹编匠人也失去了用武之地。现在，叶任偶尔利用闲暇的时间来为工厂编织竹器。他有些遗憾地说，“现在年轻人嫌麻烦、来钱慢，都不愿意学，我最大的心愿是有年轻人愿意学，别把这门手艺给弄丢了。”

“做秤凭的是良心，称的是信誉”

作为商品流通的主要度量工具，木杆秤向来是行商坐贾的必备之物，活跃在大江南北、代代相传。它制作轻巧、经典，使用也极为便利。木杆秤制作技艺全国各地都有，作为“海上丝绸之路”黄金通道的阳江，至今依然保存着完好的木杆秤制作技艺。阳江各县(市、区)都有师傅会制作木杆秤，其中最为活跃的为市区太傅路。广东俗语有云：“隔夜素馨厘戥秤”，阳江太傅路的厘戥巷就是以此命名，至今厘戥巷依旧存在。

做秤是一门精细的手艺，有选材，刨圆，打磨，钉秤花等多道程序，道道容不得半点马虎，稍有不慎，秤就会有偏差。一个称职的杆秤匠，从不因操作失误而让所做之秤在交易当中出现短斤少两的情况。

木杆秤制作技艺在 20 世纪 50 至 90 年代在阳江异常吃香，好质量的木杆秤供不应求，家家户户几乎都备有一杆木秤。50 年代，阳江设立了衡器厂，专业做磅、卖磅，后来做杆秤、卖杆秤，甚至开设培训班培养新的木杆秤技艺人。当时的阳江城里，有很多人都会制作木杆

制作杆秤需要十多道工序。

做好的杆秤。

秤，众多师傅当中要数苏氏最为出名，由于年代久远，目前可以追溯到的是三代传承。苏氏制秤选料上乘、制作精良，技艺步骤主要有选料、刨杆、杆胚打磨、包铜皮、定“叨口”、安“叨子”、定盘星、刮墨线、定刻度、钻秤花、钉秤星、打磨、涂抹石灰、清洗、装秤钩、秤砣、打蜡、校秤等十多道工序。

“叮叮、当当……”在木杆秤第三代传承人苏家旭家中，年逾七旬的他正在刨秤杆。苏家旭一边讲述阳江木杆秤的发展史，一边打磨木杆。在他的手中，一根原本稍带弯曲的原木逐渐变成了笔直光滑的木杆，木杆秤的雏形显现出来。

木杆秤制作看似简单，但做工精细，只要稍有偏颇便会失之千里。从选料、刨杆、杆胚打磨、包铜皮、定“叨口”、安“叨子”、定盘星、刮墨线、定刻度、钻秤花、钉秤星、打磨、涂抹石灰、清洗、装秤钩、秤砣、打蜡、校秤等十多道工序，每一步都容不得一丝马虎。

苏家旭表示，一杆承受15公斤重物的木杆秤要钻将近300个秤孔，这道程序要极具耐心，稍有疏忽就会戳穿木杆而前功尽弃。打好木杆秤的秤孔，再将细铜丝插入秤孔中，剪断、锉平，用锤子敲打铜丝后，突出的铜丝就陷入秤孔里，也叫秤星。

“做秤凭的是良心，称的是信誉。”苏家旭笑着说，一杆秤好不好，不用试，看一眼就知道。杆秤有大有小，长的1.7米到1.8米，短的才35厘米，称重能从半钱到500斤，中间误差甚微。杆秤制作虽然有先后顺序，但其间的分寸很难拿捏，凭的全是手上功夫，没有十几年的沉淀做不出形神兼具的好秤。

随着时代的变迁，更加方便快捷的电子秤逐渐占领了商铺摊档。如今，来买杆秤的大多是老年人，偶尔，有鱼贩子前来购买，因为渔船上浪大潮湿，电子秤偶尔会失灵，要备一杆木杆秤。

做木杆秤挣不了多少钱，但这些年

来，苏家旭依然坚持着，没有把这门手艺给丢掉，他对做秤有着一种特殊的情怀。这种情怀感染了他的儿子，也是木杆秤第四代传承人苏志勇。作为设计师出身的苏志勇认为，木杆秤有不一样的文化内涵，周岁抓周、婚丧嫁娶、新屋乔迁……都有木杆秤的身影。他把传统的木杆秤工艺特点与阳江五金行业的刀具、茶刀相结合，借鉴杆秤文化设计出不一样的文化产品，通过丰富多样的艺术形式传播杆秤文化，助力杆秤制作技艺向前发展。

▶链接

本篇介绍3个非遗项目，即印章制作技艺、碧桥竹编、木杆秤制作技艺。三者均于2022年被认定为传统技艺类市级非遗项目。

印章制作技艺。江城区“老左印章”是传统手工技艺雕刻印章的“老字号”，延续了一段百年四代人的家族篆刻史，代表性传承人有左士良、左文容等。

碧桥竹编。早在200多年前，在江城区中洲街道碧桥村，拥有200多人的叶屋寨就是家家户户从事竹编加工业，编织各种生产生活用具，代表性传承人有叶任等。

木杆秤制作技艺。江城区因扼粤西要冲而商业历史悠久，木杆秤的历史也很久远，在江城众多制秤师傅当中，数苏氏最为出名，苏氏木杆秤制作技艺已经传承四代，代表性传承人有苏家旭、苏家意、苏志勇等。

3

载歌载舞

本版块包含非遗项目：

◎江城民歌

◎花笺

◎碟仔花

◎阳江白榄

◎阳江讲古（阳江说书）

◎江城舞龙

◎江城舞狮

每逢农历初一、十五，阳江群众在北山自发组织山歌日活动。

吟唱古今乐陶陶

千百年来，多才多艺的江城人民在日复一日的劳动生活中随性而歌、踏歌起舞，在歌声与舞蹈当中，抒发丰富的内心情感，寄寓对美好的生活希冀，创造了许多具有本土特色的曲艺、说唱和舞蹈习俗。随着时代更迭，传统的歌舞习俗也不断被民间艺术者们源源不断地融入新元素，展现新活力。

扫码阅读

江城的花笺、白榄、讲古使用的都是本土方言，吟唱的内容也均来源于日常生活，非常接地气，一直以来都深受群众喜爱。近年来，江城传统的曲艺创作与时俱进，选送的节目多次在全省的比赛中取得好成绩，展现出江城曲艺的独特魅力。

山歌悠扬随性起

江城民歌属于阳江民歌的一个种类，是江城劳动人民在长期劳动生活中产生的。其形成和发展源于三个因素：一是劳动生产，这类咸水歌跟劳动号子差不多；二是生活交流，比如男女恋爱、事情问答，以对唱形式为主；三是传统民俗活动，如“哭嫁”“哭奶”。可以说，江城民歌既是珍贵的“文化特产”，也是劳动群众生活的调剂品，用来表达他们的喜怒哀乐，老少咸宜。

区别于海边渔民唱的咸水歌，阳

江人一般把咸水歌以外的民歌叫山歌。据考究，阳江山歌源远流长，最初起源可追溯到明末清初，有近 400 年历史。阳江山歌又分为花笺调、堂枚调、驶牛调、吟诗调、骑马调、木鱼调、喃呒调等十余种歌调，不同歌调各有不同的旋律和表现手法。其中以唱花笺调居多，其表演形式又分为驳歌仔、跳禾楼、打堂枚、跳花枝和打擂台等。

江城花笺，是阳江山歌中最具代表性的形式之一。江城花笺具有戏剧的某些特质，如有固定文本，有基本曲调，有伴奏等，用方言土语唱喜庆哀乐，对研究阳江民歌的发展和特点，以及阳江的社会、文化、民俗风情等具有较高的艺术价值。

在唱法上，江城花笺带拖腔，注重将尾音拉长。演唱“花笺”的形式除了个人自娱自乐外，还有群体“对叹”（对歌）。演唱者以“口唱山歌手插秧”的形式，边劳动边对唱，或婚礼时于喜宴、闹洞房前后对唱，新娘“伏嫁”时与姐妹“对叹”。随着花笺调的不断改良，江城不少民间艺术家在原始的花笺演唱方式上进行创新。在音乐设计方面，对花笺曲调进行改革，使调子更富于现代特色；配乐方面，配以阳江的竹胡、喉管，使作品洋溢着浓浓的民乐气氛。

民间流传的花笺调唱本及代表作有《珍珍姐》《第八才子》《自由女》《阳江八景》《阿妈中奖》《追鸡》《关键时刻》等。结合时代的发展变化，民间艺术家也在不断创作着新的花笺调唱本，让江城花笺焕发出更加蓬勃的生机与活力。2021 年是中国共产党成立 100 周年，阳江市山歌学会会员叶海旋就特意创作花笺唱本《一心跟党走》歌颂党恩、砥砺初心：

A：山横翠，水流云，红旗招展晓光新，东风送暖心花放，唱首山歌颂党恩。

B：掌舵手，政若神，唱首山歌颂党

北山唱花笺爱好者。

碟仔花表演。

恩，红船满载中华梦，乘风破浪济苍生。

A：湘江涌，赣水粼，秋收起义大翻身，南昌星火燎原急，草地雪山万里行。

B：锤镰举，劈妖氛，草地雪山万里行，日寇输兵穷鬼喊，国军败阵饿狼奔。

A：中天日，照无垠，宏兴百业乐斯民，“两弹一星”惊寰宇，登月嫦娥振国威。

A：舒巨制，展经纶，登月嫦娥振国魂，港澳回归彪史册，丝绸之路往来频。

A：修正德，祛污尘，倡廉反腐党风淳，脱贫致富谋民祉，不负韶华不负春。

B：花似锦，草如茵，不负韶华不负春，牢记初心跟党走，中华筑梦梦成真。

叶海旋弹奏着梅花琴与妻子谢莉莉对唱，舒缓悠扬的曲调，朗朗上口的阳江方言唱词，唱出了党的百年光辉历史，展现出浓浓的地方特色。两人表演视频发布到“阳江山歌网”后，观看数量破万，展现时代新特点、新风貌的江城花笺受到了市民群众的喜爱。

2023 年 4 月 26 日，在广东省第四届民歌会上，叶海旋、谢莉莉夫妻俩代表阳江参赛，边弹边唱表演阳江花笺调民歌《春到农家》。该曲由叶海旋作词，采用花笺调和说唱音乐的表演形式，边弹边唱，从多角度宣传了党的惠农政策给农民生活带来的巨大变化。最终，《春到农家》从 50 多个节目中脱颖而出，荣获铜奖。

碟仔声脆喜开奏

碟仔花，与敲木鱼、唱龙舟、唱白榄相似，属于曲艺说唱中的一种道具、乐具配合形式，全省唯江城独有，极富地方特色。

碟仔花相传源于民国初期江城当地的一次民间婚庆活动。唱说过程中，因配乐师傅内急暂离岗位，为不至冷场，演唱者之一、享有“花笺王”之称的吴家伟随手拿起餐桌上的小瓷碟和象牙筷，和着节拍敲击起来，没想到碟子与筷子碰撞发出的声音十分清亮悦耳，比原来的配乐更有韵味。这无意中的创新形式深受群众喜爱，不知不觉就流行开来。后来，吴家伟不断地改良，碟仔花逐渐形成独立的敲打乐，在艺人群体中师徒传承，一直流传至今。

表演碟仔花，用具只需一只薄胎小碟子，最好是江西景德镇出产的；一双筷子，最好是象牙筷子，其次为合金筷子。表演者左手夹着小瓷碟，右手持着筷子，筷子敲打碟子的声音富于节奏，声音清脆而柔美。作为娱乐表演或民俗活动，江城的碟仔花更注重娱乐性和可观性，常常搭配江城民歌、江城花笺、阳江白榄以及舞蹈等演出。因此，表演式的“碟仔花”既要讲求“敲”的技巧，还要注重“舞”的姿态，演出时着装鲜艳统一，表演过程尽量幽默、生动、活泼，动作要切合曲目需要。

韩东海是吴家伟的外孙，生于1947年，是碟仔花的第二代传人。他从小跟在外公身边生活，耳濡目染，很小就对花笺、碟仔花产生浓厚的兴趣。韩东海8岁时就学会了敲碟仔花，在外公的点拨下，青出于蓝，演绎得出神入化，常与外公搭档走场。

“要想敲好碟仔花，关键是练习，少说也要两三年才能敲得有模有样。”小时候为了练习碟仔花，韩东海敲碎了10多副碟筷，一边敲一边根据声音来调整筷子与碟子的敲打位置，以求敲出最清脆柔美的声音。同时还要根据搭配曲目的不同调子，敲打出不同的节奏，这对表演者的手上功夫较为讲究，唯有勤奋练习才能敲得动听。

改革开放以来，韩东海作为江城业余文艺舞台上的活跃分子，20世纪90年代初参加过许多民间民俗活动，手把

风趣诙谐的山歌表演《逻田仔》。

手传授过十几位徒弟学会敲碟仔花。2006年，阳江需要选送一个本土曲艺节目参加“广东省第五届群众戏剧曲艺花会”。阳江市文化局原副局长陈慎光提议用江城的碟仔花出一个节目，当时韩东海刚好在现场，两人便一拍即合。陈慎光以阳江好人茹嘉励为蓝本，用“阳江花笺调”创作了台本《关键时刻》，讲述了一名共产党员在旱灾时将自家鱼塘的水放干，帮助农民救助农作物的故事，节目还融入了阳江山歌、阳江白榄、舞蹈等多种艺术表现形式。为了排练好这个节目，韩东海手把手教导十多位参演者练习碟仔花。在全省戏剧曲艺花会舞台上，韩东海一手娴熟的碟仔花让观众叹服，节目也因为表现出阳江的本土特色文化，十分接地气，最终获得了此次戏剧曲艺花会金奖。

由此，阳江市文化部门曾对这项音乐表现形式十分重视，让韩东海开班授徒，培养接班人。但后来由于现代音乐的流行，年轻人的娱乐方式也变得更加多元化，碟仔花也逐渐淡出舞台。韩东海表示，目前阳江唱花笺的人还是比较多的，有老人也有年轻人，但是敲碟仔花伴唱的，也就只有他一人了，除偶尔响应文化部门邀请参加一些民俗活动，基本是自娱自乐。

“我自己年纪大了，手脚已经不那么灵活了，再没有人学，没有人继承的话，碟仔花到我这就会失传。”韩东海非常希望政府、有关文化部门能够重视碟仔花这一本土文化，传承下去，发扬光大。

白榄声声入心间

阳江白榄是一种用阳江本地方言——“阳江话”表达的说唱体曲种，阳江的母语艺术之一。

江城区金湾社区众歌友练唱。

相传古人沿街叫卖橄榄时，为了吸引顾客，往往都有一套吆喝词，经过长期积累，就形成日后的“白榄”。成为粤剧唱腔之一的“白榄”，除了“用白话念快板”使用外，更创造了白榄类的专腔。如两头音乐唱腔中间夹念白榄的有“四时果”“恨填胸”“花鼓芙蓉”等；以锣鼓相衬托的有“扑灯蛾”。还有一种是因演《武松杀嫂》时运用得好而成专腔的叫“杀嫂白榄”，它的表现形式是前面两个字，一字一拍，接着入一段锣鼓，后面三拍一顿，若干顿后转为四拍一顿，越念越快，最后一句吊一板收，以表现人物的愤怒激昂情绪。

白榄随粤剧传入阳江后，演变为用阳江话表演的快板，是阳江的母语艺术之一。传统的白榄为五字一句，每句三拍，一韵到底。语言活泼、诙谐幽默，多用阳江民间土语，深受群众的喜爱。为了适应现代生活的快节奏，并更加贴近生活，现代白榄在保持传统白榄特性的基础上作了一些改良，如长短句互相结合、节拍采取不定式等。为了使韵律更加优美多变，阳江白榄还加入了顿拍、跳跃等表现方式，并使用板子或木鱼作为伴奏乐器拍和。除了表现形式外，近年来，阳江白榄还由一个人说唱，渐渐发展为说唱、和唱结合的白榄小品、白榄剧。

市山歌学会会长林良富是阳江白榄的“发烧友”之一，几乎有阳江白榄表演的地方，都会有他的身影。他开始接触阳江白榄缘于2012年遇到阳江第一代白榄艺术家曾宪忠登台表演时，他发现这种艺术可以用本地方言结合木鱼等道具直接地表达生活中的事物，遂产生兴趣，跟着曾宪忠登台表演，加上自己的创作形成自己独特的风格。他的表演为广大人民群众带来了乐趣，同时也不断地向群众宣传这种非物质文化遗产。

在林良富看来，阳江白榄接地气、通俗易懂，还能将大道理寓于显浅的教育之中。近年来，林良富结合市民群众生活的热点，创作了许多白榄唱词，如《垃圾分类新时尚》《创文齐参与》《安全用电记心中》，等等。其中，《创文齐参与》就描述了“林阿根”进城探亲所见到的文明新风尚，号召大家一起参与阳江创建全国文明城市：

我叫林阿根，家住在牛根。

我今日出(来到)阳江，出城去探亲。

我个(的)郎家仔，住在龙山公园个附近。

你看，高楼都栋栋起，街道都好斯文(干净)。

绿树绕城中，空气都好清新。

阳江正创文，愕(我们)大家都有份。

人人齐参与，争做文明人。

邻里多帮助，无理又无论(意为没有争吵)。

和谐来相处，胜似一家亲。

文明来驾驶，礼让路行人。

交通规则要遵守，千其无好(千万不要)去闯红灯。

摆卖要依规，千其无好阻路人。

守法来经营，绝对讲诚信。

阳江群众在北山石塔下演唱山歌。

门前讲三包，污水不留痕。
垃圾处理好，及时来装运，
外地个游客，关心来询问。
热情来帮助，雷锋好精神。
齐心来创文，精神面貌新。
阳江更秀美，幸福乐欢欣。

阳江白榄在群众中产生，以身边鲜活的事物为素材，表达人们对生活的热爱、对事物的认识和对未来的向往等。随着时代的发展，阳江白榄的表现内容越来越多样化，白榄创作者结合政治、经济、社会的热点进行创作，以褒善美、贬恶丑，让白榄展现出浓厚的生活气息和本土特色。

单口“讲古”扬正气

“讲古”，即说书，是一项深受阳江老百姓喜爱的民间口头文学活动。阳江人“讲古”，至今已经有 100 多年历史，尤其在清末之后，更加流行。据 2000 年版的《阳江县志》记载：“说书在阳江流行已久。民国时期有不少说书人（民间称为‘讲古佬’）以说书为生”。可见，“讲古”在清末民国的阳江已属鼎盛阶段，“说书佬”以“讲古”为生，基本上形成了一个独立的民间谋生行业。

“讲古”在阳江普遍流行，其中江城、阳东、阳西的活动尤其昌盛，阳春则次之。江城区的“讲古”，又以南恩路、中山公园、河堤路和太傅路等区域特别繁荣。史载南恩路沿街有多档“讲古屋”，中山公园则设有几个“讲古台”，河堤、太傅路是流动的“讲古摊”，整个江城夜晚处处“古声”阵阵，人头涌涌，实在叹为观止。

阳江“讲古”表现形式主要以单口表达为主，“讲古佬”身穿一件灰色长袍，手拿一把纸褶扇，不管街头巷尾，堂前树下，只要“古迷”聚拢，便可开讲。讲古内容多为《三国演义》《包公案》等古典名著，以歌颂英雄、弘扬正气、抨击社会丑恶现象为主；民国后期，“讲古”队伍更加扩大，内容仍然是古典名著以及结合抗日宣传的英雄人物故事，如《岳飞全传》《薛仁贵征东》等。“讲古佬”以老杨荣、张崇阶等最为有名。

新中国成立后，“讲古”活动依然方兴未艾，除设有固定的“讲古”屋（台）之外，在街头巷尾及公园等公共场所还有许多流动“讲古摊”，满足广大“古迷”需要，“讲古艺人”除老杨荣、张崇阶以外，还增加了姜操、许计掌等多人。及至20世纪70年代，在阳江县文化馆创作室程禹功、高伟文、陈慎光、冯峥等同志的组织和发动下，阳江的“讲古”活动之花，开遍阳江城乡，“讲英雄故事，传革命之音”，从文化馆（站）、学校、机关到处都有“讲古”场（台）。

1981年，全省故事现场会在阳江召开，上海《故事会》编辑部以及浙江、江苏等省的故事协会派员参加会议，盛况空前，省新闻媒体连续报道。1983年，广东省文化厅授予阳江“故事之乡”称号。从此，阳江“讲古”活动更加繁荣发展，直至如今。

目前阳江城乡尚有一批“讲古佬”，各级文化馆（站）还在不断组织“讲古”活动，但由于当今文化呈多元化发展，群众娱乐活动异彩纷呈，“讲古”这一民间口头文学表现形式因此遭受到不少冲击，“讲古佬”逐步减少。

▶链接

本篇介绍5个非遗项目，即江城民歌、花笺、碟仔花、阳江白榄、阳江“讲古”（阳江说书）。

江城民歌。其起源可追溯到明末清初，距今有400年历史，也被当地人称为阳江山歌，于2008年被认定为传统音乐类区级非遗项目，代表性传承人有谭轩、黄计友等。

花笺，是阳江山歌十余种歌调中的一种，是最具代表性的形式，具有戏剧的部分特质。其于2008年被认定为传统音乐类区级非遗项目，代表性传承人有叶海旋、谢莉莉等。

碟仔花，起源于民国初期江城当地的婚庆活动，是曲艺说唱中的道具配合形式，仅在江城地区流传，于2022年被认定为传统音乐类市级非遗项目，代表性传承人有韩东海、谢可风等。

阳江白榄，粤剧传入阳江与当地方言结合演变而成的快板艺术形式，历史尚难考究，但深受群众喜爱并处于持续改良中，于2008年被认定为曲艺类区级非遗项目，代表性传承人有林良富等。

阳江“讲古”（阳江说书），在清末民初开始流行阳江城乡，至今延续百余年，表现形式以单口表达为主，于2022年被认定为曲艺类市级非遗项目，代表性传承人有黄远清、林秋燕等。

龙狮齐舞贺太平

锣鼓声喧，舞狮纳福。在江城，逢年过节或重大喜庆日子，常能看到舞龙舞狮表演，这习俗经历岁月已沉淀为江城人民宝贵的精神财富。

扫码阅读

“小时候，听到舞狮锣鼓声响，就觉得热血沸腾，看到别人舞狮舞得活灵活现的，自己也想学。”江城舞狮非遗项目传承人苏关田道出了多少江城人的心声，勾起他们儿时的记忆。

或许是江城的地理气候条件优越适宜，这里的人们普遍不“宅”，十分喜爱户外运动、群体性文化活动，而舞龙、舞狮正好是集舞蹈、武术、鼓乐于一体的群体性项目，自然被纳入非物质文化遗产项目加以保护和传承。

舞龙源起忧患中

舞龙是江城区埠场、平冈一带村民的传统习俗，起源于民国晚期（约1941—1942年）。这段时间阳江瘟疫（霍乱）（鼠疫）大暴发，短时间内死了不少人，加上旱情肆虐，匪患横行，到处哀鸿遍地，民不聊生，尤其是沿海一带人口密集的大自然村，人人自危，时刻处于恐慌与忧患之中。

百般无奈，一些村中族长或有名望的乡绅便集中商议，集思广益，一致想出一个以舞龙驱邪避疫的办法。于是各自召集村中族人，有钱出钱，有力出力，大家动手，一部分人斩竹削篾，一部分人扎制龙骨架，一部分人糊纸描彩，各司其职，分工合作，几天之内就制作出一条近60米的长龙。是年春节，村民将庙中菩萨像请出来，抬着菩萨舞着神龙在村中巡游，边舞龙边燃放鞭炮，祈愿龙能为民间大众驱邪辟疫，带来风调雨顺、人寿年丰。也许是机缘巧合，也许是心理作用，舞龙之后，果然瘟疫遏止、不再蔓延，染疫的村民身体渐渐康复，没染病的村民人人龙马精神。

舞龙训练。

此后，每年春节期间的年初一至年初七，村民都要舞动神龙贺岁，祈愿新的一年风调雨顺、国泰民安，群众身体健康、龙马精神。村中若有大型庆典活动也会请神龙出舞，增添喜庆氛围。

江城舞龙的特点是场面壮观、人员众多、分工明确、灵动活泼、技巧独特、程序复杂、节目丰富，融祈愿与娱乐于一体。舞龙多以村委会为单位，由民间集资自办，有一套相对固定的舞动程序和完整的表演形式。一支舞龙队由舞龙、表演、鼓乐三部分人员组成，少则58人多则68人成队。

整套的舞龙活动共有20个表演节目，其中大开珠、恭喜发财、恩爱夫妻、双凤朝牡丹等是保留节目，还有武松打虎、鹤蚌相争、天姬送子、西湖借伞、才子佳人等传统故事演绎也很受欢迎，故该项风俗活动在当地民间盛行多年，流传至今。

每年除夕，舞龙队由村中族长或德高望重的人带领下，穿戴整齐，焚香禀告天神，然后起龙。首先引“龙”拜会村中所有神庙、宗祠、水井、佛像、石狗等，然后集中在村中开阔地开始新一年的“舞龙”活动和娱乐表演。

每一位舞龙队员都穿上特制的鲜艳服饰，踩着锣鼓的节拍，在龙珠的引领和龙头的带动下，一边舞一边巡游，腾挪摇摆，活泼生动，如神龙出游，配着铿锵的锣鼓钹和悠扬的锁呐声，浩浩荡荡，穿村过巷，所到之处，鞭炮齐鸣，热

元宵节，市区德信华城小区的舞龙表演。

闹非凡。

年初一之后才接受其他地方的邀请出村舞龙。舞龙所到之处，邀请者必须要以醒狮相迎，没有醒狮就要敲响大铜锣迎接，没有大铜锣则以大鞭炮迎接进村，进村后也要先行拜会当地神庙、水井等礼节，然后开展舞龙并逐户贺年，家家户户都要备好鞭炮和利是（红包）接龙进门，祈愿神龙保佑家道兴旺，万事胜意。传说中的龙为天子，狮为大将。如舞龙队在路上与狮子队不期相遇，狮子队必须偃旗息鼓，颔首低眉，待龙队过后才可重新响鼓。

江城舞龙的传承主要由集体传承，个别师徒传承。目前活跃在江城的舞龙队以江城区埠场镇那蓬村永华自然村舞龙队为代表。

永华舞龙有别于其他地方，龙头龙尾加龙身总长有63米。传统的制作以竹和纸为原材料，先将竹削成细篾，制扎出龙的骨架，然后糊上纱纸，再描绘龙鳞等色彩。后为保管方便，改进为竹木布结构，龙头龙尾制作工艺复杂，保持用竹篾扎制，糊以纱纸，龙身简单，改用木条框架结构，然后以彩绸或布作面料，围上花边和流苏，龙头龙尾再绘上金银色的龙鳞，缀上红色的龙须，再画龙点睛，使颜色更加鲜艳，熠熠生辉，舞动起来不易损坏。

关则炎是永华舞龙的第三代传承人，生于1952年6月。他16岁加入永华村舞龙队至今，对舞龙的全套程序了如指掌，在舞龙队担纲主力，又是总教练，现为永华龙队队长。20岁跟随第二代传承人关布芬学习龙头制作技艺及舞龙的道具制作，也是龙头制作工艺的传承人。

自20世纪90年代中接过永华龙队以来，关则炎一直带领舞龙队开展丰富的活动，除每年春节期间承接本地舞龙贺年及庆典活动，也带领龙队参加各地（关氏宗亲）的联欢，同时积极响应本地组织的各类民俗文化活动。2011 年 10 月 1 日，关则炎带队参加阳江市举办的首届民间民俗艺术花会比赛获第二名。至今，已培养弟子 200 多名，为江城区舞龙培养了一批种子人才。关则炎的长孙关胜霖，生于 1997 年 11 月，目前已是永华龙队主力兼教练。

舞龙体现了人们对龙图腾的崇拜和信仰，龙历来被视为华夏民族的象征。舞龙这一传统艺术之所以能够保存下来，是老一辈艺人对传统有着不舍的情怀。舞龙活动是联络村与村之间民众感情的重要纽带，作为新春佳节民间集体娱乐活动，对促进村与村之间的文化交流与经济发展起到积极作用，同时对了解近代江城的民间传统习俗和发展历史具有重要的意义。

雄狮腾跃喜庆来

江城舞狮，又叫江城醒狮，属于中国狮舞中的南狮，自兴起便长盛不衰，至今有 1300 多年历史，深受群众喜爱。

据史载，太宗贞观二十三年（公元 649 年）废高州都督府，分高州的阳江、西平、杜陵、齐安为恩州。民国《阳江志》记载阳江处于恩州时期的风俗：“正月一日闻鸡而起……舞狮必演技艺。金鼓喧闹观者如堵……乡民并大多数尚武以强身健体。”

江城舞狮集舞蹈、武术、鼓点音乐为一体，通过仿生狮子头形象并与鼓声

2023 年阳江（江城）逆水龙舟大赛系列活动之舞狮活动精彩纷呈。

阳江少林武术学校学员进行舞狮训练。

节奏进行舞蹈，是多人合作的艺术表演，少则六七人，多则二三十人。表演时，敲锣打鼓，舞狮人先打一阵南拳“开桩”。舞狮人动作多以南拳马步为主，狮子动作有“睁眼”“洗须”“舔身”“抖毛”等。

除了注重基本功训练外，江城舞狮很讲究舞狮人与敲鼓师傅的鼓点配合。鼓法伴奏多样灵活，鼓点有三星鼓、五星鼓和七星鼓。舞狮表演以三星鼓点起势，鼓点时有变化，舞狮人根据鼓声节奏，通过在地面或桩阵做出腾、挪、闪、扑、回旋、飞跃等动作，演绎狮子喜、怒、哀、乐、动、静、惊、疑八态，艺术性较高，可观性强。

高桩采青，是舞狮表演的高潮环节。通过寻青、喜青、惊青、探青以及一跃而起“食青”等动作，寓意生财。起先鼓点缓慢，舞狮动作也慢，表现为顾盼惊疑；后鼓点密集高昂，舞狮跳起爬杆，表现为发现好吃的而兴奋的状态；待狮子爬至杆头采到“青”，鼓点慢下来，狮子嘴巴一张一合，吐出菜叶，最后吐出一幅“恭喜发财，大吉大利”的条幅。

作为一项传统民间庆典表演，江城舞狮古时多为民间自发组织的小型团体活动，群众农忙时耕田种地，农闲时学武艺，节庆时舞狮。先前盛行于乡村，乡村节庆于宗祠前或晒谷场表演，春节期间走街串巷，挨家挨户舞狮旺屋旺丁旺财。后来，每逢重大喜庆节日或者庆典节目，都请狮舞助兴，以求万事顺达、旺丁旺财。

如今，江城上规模的舞狮队有阳江市亚洲飞轮醒狮艺术团、阳江市健将舞狮队、阳江市少林寺学校舞狮队等，均集中于中心城区。

“小时候，听到舞狮锣鼓声响，就觉得热血沸腾，看到别人舞狮舞得活灵活现的，自己也想学。”亚洲飞轮醒狮艺术团团长苏关田来自湛江遂溪，家里祖祖辈辈都习武、舞狮。6 岁开始，他就跟着父亲学艺。舞狮须以武术为基础，基本功扎实，方能生动表现出狮子的各种形态。为此，15 岁那年，苏关田去到河南嵩山少林寺文武学校习武。学成后，他先回遂溪后到阳江教授武术，2005 年在阳江成立了醒狮艺术团。创建当年，年末即获得阳江市第二届“禁毒杯”舞狮大赛冠军。

苏关田带领醒狮艺术团在江城舞狮基础上融进遂溪等地的优点，重视高难度的梅花桩表演，训练时从 8 凳桩、16 凳桩，到 6 米高桩和梅花桩，创新了走钢丝、腾空跳等表演。其中飞过 3.7

精彩的醒狮表演。

米钢丝绳穿越火圈，充分体现了“新、高、难、险”的特色。另有“八鼓齐鸣”和六米高桩“步步高”为招牌表演。

醒狮艺术团凭借着精彩的表演，吸引了江城乃至全市喜欢武术的青少年前来学习，目前拥有60余名队员。“江城舞狮很受群众欢迎，经常有小孩子看了表演后很感兴趣，过来学习。”苏关田介绍道。

醒狮艺术团的训练从基本功抓起，如最基本的扎马步、踢腿，还要学习各种拳术，狮头与狮尾成员也需通过训练磨合，培养默契度。成员们大多利用周末等放假时间训练。艺术团成员苏威鸿，5岁开始习武，学习舞狮。回想起刚学习舞狮时，苏威鸿坦言曾经想过放弃，训练的过程很累，特别是一些有难度的动作，经常会摔跤，但是休息一下，舞狮的魅力又让他忍不住接着训练。

“通过自己的动作，把狮子的各种形态展现出来，就好像自己真的融入到了狮子里面。我希望能通过自己的表演让更多人喜欢舞狮，把这项非遗文化更好地传承下去。”苏威鸿说。

目前，除了依靠武术培训中心培养舞狮人才外，苏关田还拓展培训渠道，与阳东一中附属精英学校联系起来，在学校里开设武术兴趣班，首批教6名体育老师和16名学生，计划逐步向全校铺开。至今，苏关田培养弟子两千多名，为江城区乃至阳江市文化体育事业培养了大批武术人才。

春节期间，活跃在市区各地的舞狮表演，增添了喜庆祥和的浓厚年味。求吉纳福、招财进宝、家庭兴旺，人们把对美好生活的祝愿寄寓到了舞狮这一庆典仪式当中，而江城舞狮也在千年发展的过程中，凝聚了民众对传统文化的认同感，和睦了邻里乡亲的感情，营造了一方和谐平安的氛围。

▶链接

本篇介绍2个非遗项目，即江城舞龙、江城舞狮。两者均于2022年被认定为传统舞蹈类市级非遗项目。

江城舞龙，起源于民国末年的埠场、平冈一带农村，是融祈愿与节日娱乐于一体的群众性舞蹈活动，其代表性传承人有关胜霖、关则炎等。

江城舞狮，又名江城醒狮，兴起于唐太宗贞观二十三年，距信有1300多年历史，已发展出一定的地域特色，其代表性传承人有苏华强、苏关田等。

4

生生不息

本版块包含非遗项目：

◎山茶王凉茶熬制技艺
◎中医正骨（陈氏）疗法
◎中医正骨（谭氏）疗法
◎五雷火万应追风灸
◎谢氏药摩法
◎阳江太极拳
◎潭塘（杨氏）武术

岐黄济世救苍生

在阳江人的心中，凉茶不仅仅是清热止渴的饮料，更是一种生活方式、一种地域文化。阳江人从小是喝着凉茶长大的，街坊们习惯于在中午收工或晚饭后到凉茶铺里坐坐，喝一杯凉茶，缓解劳累和疲乏。那些散落在街头巷尾的凉茶铺，就是日常生活中最具人情味、充满儿时回忆的存在。

扫码阅读

凉茶的起源，很大程度上是岭南气候条件和地理环境双重作用的结果。自古以来，南越之地潮湿异常，森林茂密、瘴气横行。经医家和民间的长期实践，不断总结防治疾病过程中的丰富经验，最终衍生出了具有岭南文化底蕴的凉茶。

阳江凉茶历史悠久，与阳江的生活环境、生活方式有着密不可分的关系。由于气候炎热、空气潮湿，尤其是当地夏季时间几乎长达半年，人们在常年高温下劳作，容易上火或有热气，于是民间流行以药性寒凉、清热生津、祛湿解毒的中草药煎熬当茶饮，从而保健调理身体。

百年凉茶沁心脾

阳江地区自清末民国以来，就有为数众多的凉茶铺。“山茶王凉茶”是流行于阳江地区的一道凉茶品名，为市级非遗项目传承人王起秀祖上传下来的一个草药秘方，并以独特的古法熬制而成的一道凉茶。其色泽乌黑、汁浓醇正、味甘而不苦、功效显著，具有疏风清热、解暑消食、生津止渴、解毒去湿、清肝明目、消炎止痛等功效，可治日常多种疾病，被当地人称为“山茶王凉茶”，深受喜爱。

“山茶王凉茶”的制作技艺传承谱系，属于阳江当地民间的家族式传承。该制作技艺创制于民国初期，第一代传承人王兆为阳西横山人，其从小传承祖上凉茶制作技艺并在当地行医，是当地民间知名的“赤脚医生”。民国时期，他在横山圩开设“赞元堂”药铺，上山采中草药熬制凉茶，为乡邻治病调理身体。第二代传承人王国英，新中国成立之初即在阳西横山学校任代课教师，跟随父亲开药铺行医，后来药铺由横山圩

阳江凉茶的配方多种多样，图为一种凉茶的原材料。

搬至阳西塘口圩，采中草药熬制“山茶王凉茶”。第三代传承人王起秀，从小跟随祖父、父亲学习中医和凉茶熬制技艺。2007年至2011年，王起秀到中山大学进修临床医学专科；2008年，王起秀在阳江市江城区东门路注册开设了永康民间草药保健汤店，熬制“山茶王凉茶”，并适当调整了配方增加了甘草的分量，使得凉茶的口感更好。

正在熬制中的阳江凉茶。

如今，在阳江市食品行业协会专家组的指导下，永康民间草药保健汤店对项目百年传承做了大量工作，促进了该市级非物质文化遗产项目的保护和发展。

凉茶非茶，而是用各种草药煎熬出来的一种饮料。关于凉茶的制作原料，一般人认为不过是金银花、罗汉果、板蓝根、夏枯草等，但其实凉茶的配方远不止这些。过去的凉茶铺，会根据客人体质的阴阳虚实对应不同药材，原料有“单方”和“复方”之分。单方凉茶很简单，复方凉茶的搭配则千变万化，不同配方的凉茶具有不同功效，每一家的配方都不相同，而且材料的药性也十分复杂，只有潜心研究才能弄懂药理并掌握其制法。所以，我们看到许多历史悠久的凉茶铺，绝大多数都是家族相传。

有“清凉”功效的中药汤剂，古称“凉药”，至清代始有“凉茶”之说。“山茶王凉茶”的配方与制作技艺，传承了作为广东凉茶之一的阳江凉茶古法天然的制作理念，注重保留山草药的原汁原味。“山茶王凉茶”配方为一定量的阳江本地出产的新鲜石灵脂、川破石、石碧风、麦冬、淡竹叶、银花藤、岗梅根等10多种山草药。经过手工切片洗净后，放进砂锅里层层压实，再加浸过中草药约1/3的水，开大火至水完全滚开，然后小火慢熬约8小时才出锅而成，具有疏风清热、解暑消食、生津止渴、解毒去湿、清肝明目、消炎止痛等功效，可治日常多种疾病。

作为中华饮食文化的组成部分，保护和发扬阳江凉茶文化具有深远的文化意义。在阳江人的心中，凉茶不仅仅是清热止渴的饮料，更是一种生活方式、一种地域文化。阳江人从小是喝着凉茶长大的，街坊们习惯于在中午收工或晚饭后到凉茶铺里坐坐，喝一杯凉茶，缓解劳累和疲乏。那些散落在街头巷尾的凉茶铺，就是日常生活中最具人情味、充满儿时回忆的存在。阳江现有凉茶铺200多间，从业人员1000多人，年产量数万吨、年产值达数千万元，具有重要的经济价值。

在阳江，家家户户上了年纪的人基本都会制作凉茶，但珠三角发达地区工厂制作凉茶饮料的工业规模化生产，阳江凉茶铺产业也受到了一定冲击。由于传统凉茶铺效益不高，当前从事凉茶生产的都是中老年人，大多数年轻人不愿意从事，技艺传承人越来越少。对现在的人而言，这个行当也愈发陌生，阳江凉茶制作技艺有断层的风险，需要政府部门和行业协会加强引导、促进传承、发展和保护，让年轻人对这一古老的饮食文化技艺有兴趣、愿意学。

轻松一下骨正筋柔

中医正骨疗法属民间验方治疗骨伤的传统项目，早在周代，医疗分工上已有专人掌管骨伤科疾病的治疗。秦汉时期，逐步形成了基本理论和技术并世代传承，如《肘后备急方》《仙援理伤续断秘方》《千金要方》《医宗全鉴》中有大量关于中医正骨疗法的记载。中医骨伤科在明代盛行于世，清代广泛应用并得到更大丰富和发展。医生根据患者骨骼脱位、骨折的部位，凭经验用气功将其复位、驳接，然后敷上自制纯中草药研末调制而成的药膏或药泥，用

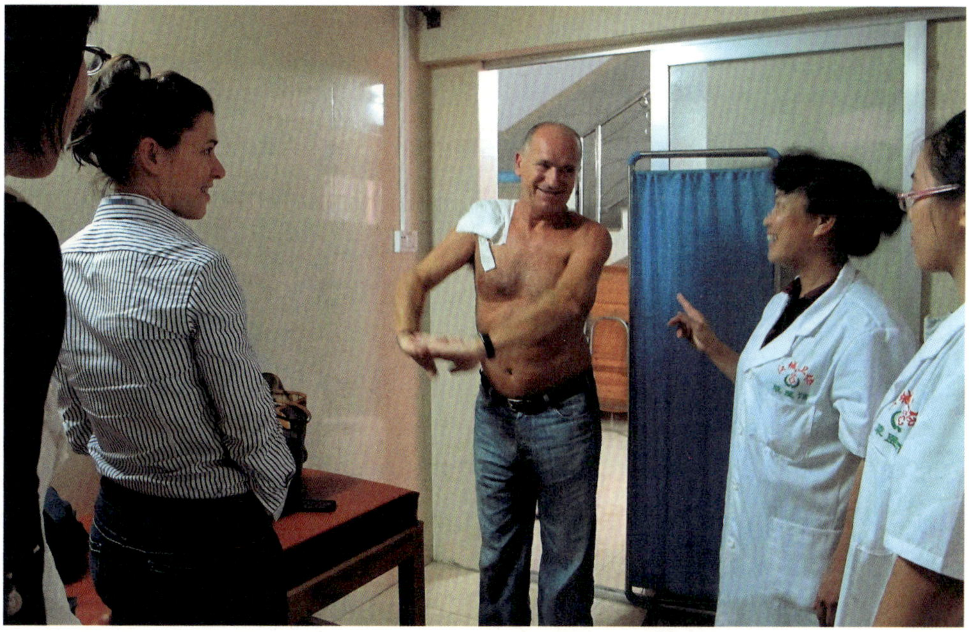

外国友人慕名来到江城接受中医正骨（陈氏）疗法的治疗。

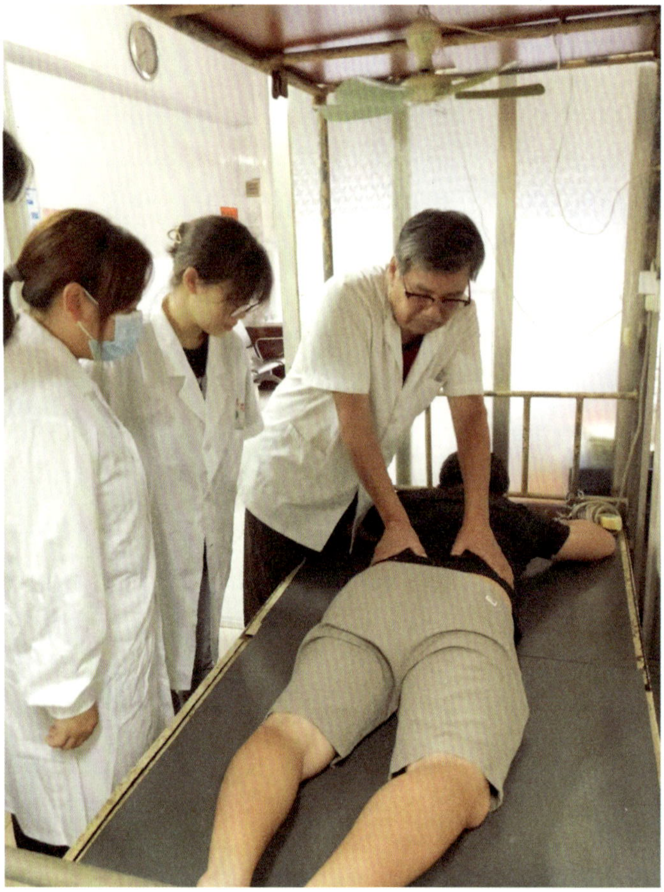

江城中医正骨（谭氏）疗法治疗。

竹片夹板固定好受伤部位。治疗周期内，患者服食中草药煎成的汤药或涂擦自制的药酒、药醋加快受伤部位的愈合复原，从而达到消炎、化瘀、行气、通血、止痛、复位、愈合的效果。中医正骨疗法具有治疗手段便捷，无创口、恢复快、效果好、费用低、痛苦少的优点，是民间传统中医实用传承的精粹。

依山傍海的地理环境培育了一代代勤劳的阳江儿女，他们在上山下海的劳作当中不可避免地会遇到伤筋断骨的伤患，因而当地的中医正骨疗法也颇有渊源。中医正骨（陈氏）疗法创始人叫陈九，原名陈溢才，江城区大塱村人。其父陈其贺，是大塱村里的一名村医，一生救治病患无数，得到广大群众好评。陈九自小跟随父亲学习医学，后拜南少林武僧释雪峰法师（涤尘）为师，从武术到医术一脉相承，承传先师的《还魂散》《焊骨膏》《百草丹》《通脉散》《雪峰跌打药酒》等珍贵医学遗产，开创了属于自己的“陈九诊所”，用以治疗跌打损伤、骨折、脱位等骨伤科以及奇难杂症疾病。

中医正骨（陈氏）疗法以师传、祖传形式相传近百年，已成为粤西片区专业骨伤科诊所，治愈的患者不计其数，并且还以仁心仁术行医，遵循祖训对患者进行施医赠药，其精湛的医术和高尚的医德得到了当地政府部门及广大人民群众的高度评价。陈氏中医正骨主要分布区域在江城区，但在阳江市可谓家喻户晓。其女儿陈彩云得到了陈九真传，陈彩云自小跟着父亲学习医学，后到广州中医学院进修，现开创自己的医馆——陈彩云草医馆。2009 年 7 月，广东新闻台电视摄制组到馆内对她进行了专访。

谭氏中医骨伤科流派拥有独特完

整的理论体系，成为现存为数不多的中医骨伤科治疗的流派之一。清朝嘉庆年间，谭和合在阳江开设医馆及武馆，创立中医骨伤科，成为当时粤西地区、省港澳等地远近闻名的名医，阳春、湛江、江门、香港和澳门等地群众慕名前来医治。

谭氏第四代传承人谭镇亨开设的阳江市谭镇亨中医个体诊所，是广东省唯一的中医骨伤科诊所，在阳江拥有传承场所。中医正骨（谭氏）疗法与中医骨外科一脉相承，都是根据人体结构用中医药及手法使创伤部位恢复。谭镇亨通过长期的理论钻研和临床实践，对其祖传的谭氏中医骨伤科医疗理论和医疗手法进行了完善和改进，大大提高了该疗法的治疗效果，并且总结归纳出"谭氏中医骨伤科疗法"理论，形成具有自身特色的骨伤疗法体系。具体表现在以下三个方面：一是依据中医理论对骨的生理和骨伤病理有独到的认识。要求医者了解人体经络和穴位，熟悉人体解剖学知识。针对不同病因症状，施用不同疗法。二是手法的妙用。正骨手法以骨折、脱位的瞬间复位法为主，常用拔伸、捺正、折顶、旋转、屈伸、摇晃、挤捏分骨、合骨手法。腰椎增生、腰椎间盘突出、颈椎病采用传统八法牵、引、按、摩、推、拿、棒、打手法。三是正骨、劳损、肌腱萎缩腰椎增生、腰椎间盘突出、颈椎病结合手法以中草药外敷。风湿、痛症直接用中草药外敷治疗，效果显著。

中医正骨（谭氏）疗法历经 180 多年的传承，形成了自身的理论和医疗特点，尤其在创伤病症中疗效显著。它的理论体现了中华民族几千年的自然养生的智慧，其突出的临床疗效为传统中医骨伤科学的发展提供了宝贵依据，我国中医文化的重要组成部分，具有丰富的文化意义和必不可少的社会继承和发展功能。作为一种古老而又新颖的治疗方法，中医正骨（谭氏）疗法通过几代人的实践，不断得到改进和完善，精湛独特的医疗技术得到同行专家的肯定，深受广大病患者的信赖和好评。

一"针""灸"见疗效

中医针灸是中国医学的重要组成部分，它是数千年来劳动人民血汗和智慧的结晶。艾灸起源非常久远，早在《左传》就有记载，《黄帝内经》有云："针所不为，灸之所宜"，就是针灸之间相互配合的作用问题，无论寒、热、虚、实证均

古法桑皮纸卷制的艾条。

可使用灸法，应用广泛。《本草纲目》记载艾能灸百病，《针灸大成》里说艾有参之功，艾具有人参功效，具有补益人体气血的作用。

“五雷火万应追风灸”是黄氏家族祖传秘方，是中国民间特种灸疗技术，具有鲜明的民族特色，是灸法中的一朵奇葩。五雷火万应追风灸源自道医，主要是用多种名贵中草药粉加上艾绒卷制成艾条，配合五雷掌手法、意念施灸于穴位上的一种特殊灸法。五雷火灸法以经络学说为原理，在古代道医传统“五雷火神针灸”的基础上，经历代灸师创新方式方法发展形成的特种灸法。其采用地道的中草药材经过精心挑选研制而成，如使用手工石磨野生艾绒、桑树皮纸、鸡蛋清粘贴等纯天然草本植物卷制，不伤身，无副作用。灸疗主要利用药物燃烧时的热量渗透，通过悬灸的方法刺激相关穴位，其热效激发经气，使局部皮肤机理开放，药物透达相应穴位内，起到疏经活络、活血利窍、改善周围组织血液循环的作用。艾绒配上中草药具有辛温走窜，窜达十二经的作用，它的穿透力很强，药力很快透达病灶处，能够从体表深入到身体里面，熏烤人体脾部，传入脏腑，调整功能失常的脏腑，防病治病。其燃烧时的物理因子和药化作用，与穴位的特殊作用、经络的特殊途径相结合，产生出一种“综合效应”，预防保健、疗效显著，是民间传统中医灸法传承的精粹。整个疗法具有药力峻、火力猛、渗透力强、治疗广泛的特点。对颈肩腰腿疼等亚健康、

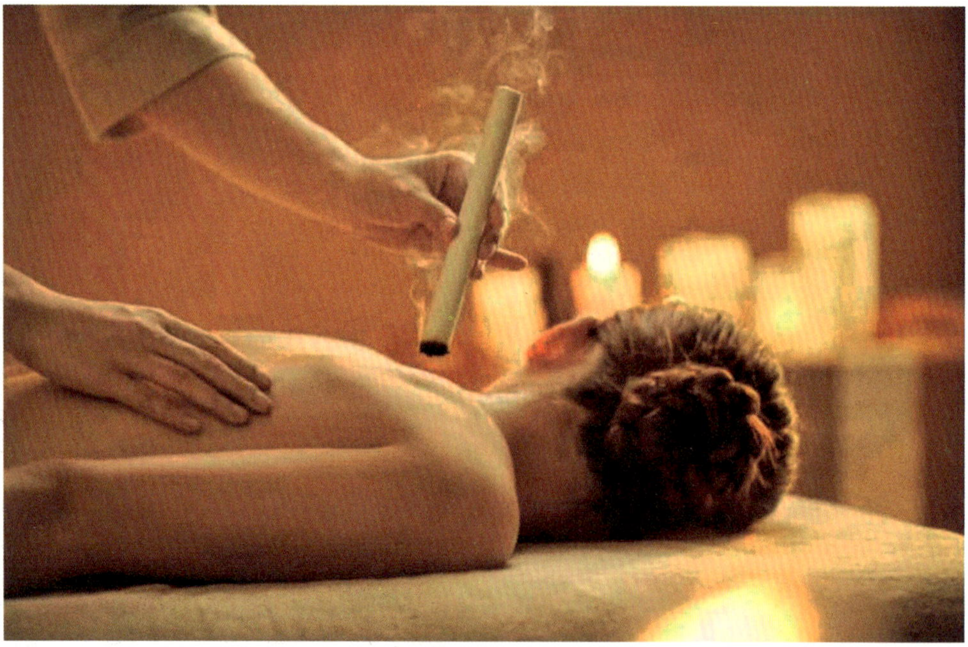

“五雷火万应追风灸”医师用特制艾条配合五雷掌手法为患者施灸。

内外科兼治，疗效显著，是治病保健的一种好方法。

一百多年来，五雷火万应追风灸在阳江市已有一定的知名度，其传承人黄六扬生前为粤西地区知名武医灸疗师。治愈的患者不计其数，并且还以仁心仁术行医，遵循祖训对患者进行施医赠药，其精湛的医术和高尚的医德得到了当地政府部门及广大人民群众的高度评价。阳江地区湿热，患颈肩腰腿疼等亚健康疾病的人较多，而“五雷火万应追风灸”是自然绿色疗法，对上述病症有特殊功效，可谓是亚健康的克星。

现传承人黄耀斌自小跟随其父黄六扬学习中医五雷火灸法，深得五雷火灸法的亲传，对传统中医“五雷火万应追风灸”特别用心钻研，系统掌握了先师的“五雷火万应追风灸”“五雷火培元灸”、五雷咒、五雷掌等多种珍贵遗产，在传统的灸疗手法中还延伸独特的一套灸疗手法来缓解辅助治疗颈肩腰腿疼等亚健康疾病，深受群众好评。黄氏家族几辈人在长期的灸疗实践中，形成了独特的理论体系和完整的治疗原则和方法，积累了丰富的实践经验，对传统医药具有较高的研究价值和历史价值。目前，黄耀斌开设了自己的瑞艾堂公司，并收徒多人，传承“五雷火灸法”开展防病保健，疗效显著。

用药按“摩”肿痛消

谢氏药摩法，即采用谢家祖传秘方独家研制的药摩介质“肿痛消”或“肿痛消膏”涂于体表治疗部位或操术者手心后，对急性和慢性软组织损伤患者治疗部位施行有针对性的揉、按、捏、弹、拨等按摩手法进行治疗并取得良好效果的一种外治疗法。

其历史沿革可追溯到100多年前，传承脉络可追溯到第十一代传人谢维根，其在阳江江城白沙岗背村、麻汕村等地行医，应用谢家医术和谢氏药摩法治好乡人邻里病患众多，颇有声望。新中国成立前，第十三代传人谢汝进继承祖传医术，早期随父在白沙岗背村、麻汕村等地应用谢家医术和谢氏药摩法行医，后独立在阳西沙扒和上洋、书村等地行医。新中国成立后，谢汝进被推选为阳江县沙扒镇卫生协会会长，沙扒卫生院成立后，他被任命为沙扒镇卫生院院长，继续应用谢家医术和谢氏药摩法愈人无数，因医术超群，得到众多病人和患者亲属的高度赞誉。其子谢克谦继承谢家医术和谢氏药摩法，为谢氏药摩法第十四代传人，其孙谢曜爵为谢氏药摩法第十五代传人，从小立志学医，于2012年遵义医学院研究生毕业，现为执业医师。

谢氏药摩法通过家族传承方式流传发展至今，已从最初的酒剂研发创新为药效保持时间更长久的软膏剂和使用方便快捷的巴布膏剂，并广泛应用于软组织损伤的33种疾病。谢氏药摩法治疗软组织损伤疗效显著，可使急性和慢性软组织损伤患者在短时间内得到康复，仅在1997年至1999年间，就为阳江市体育运动学校义务治愈急性和

阳江市非遗项目“谢氏药摩法”第十四代传人谢克谦中医主治医师向“谢氏药摩法传承培训班”学员讲解《谢氏药摩法讲义》中列举的病例及其治法与康复过程。

慢性软组织损伤患者260多例。

近年来，谢氏药摩法传人从理论和实践两方面对谢氏药摩法进行总结提升，并取得独有的研究成果。应用经创新提升的谢氏药摩法治疗软组织损伤，不仅不受“新伤在24小时内只能用冷敷疗法”的理论限制，而且伤后不论时间长短均可应用。谢氏药摩法曾分别在南京、武汉、南海等地官方举办的学术交流会进行现场治疗演示，其展现出独特疗效得到众多专家学者的肯定和赞许。谢克谦与谢曜爵在医学杂志相继发表应用谢氏药摩法治疗软组织损伤论文5篇，《“肿痛消”治疗软组织损伤105例报告》于2000年12月获第五届国际中西医优秀成果交流研讨会优秀论文金奖，并刊载在《2000年国际中西医优秀成果精典》一书，获阳江市科学技术协会二等奖。2006年10月，谢克谦接受南方医科大学博士生导师李义凯教授的邀请，在南方医科大学举办的继续医学教育项目《软组织痛的解剖与临床》学习班作谢氏药摩法专题讲座和治疗演示，获得与会专家学者的好评。谢克谦和谢曜爵共同编著的《手到病除——药摩法治疗软组织损伤图解》一书，于2010年5月由湖南科学技术出版社出版并在全国发行。

谢氏药摩法于2016年7月通过中医药传统知识保护华南分中心专家评审，并由华南分中心上报国家中医药管理局中医药传统知识保护研究中心备案，有望被纳入国家中医药传统知识保护项目。

▶链接

本篇介绍5个非遗项目，即山茶王凉茶熬制技艺、中医正骨（陈氏）疗法、中医正骨（谭氏）疗法、五雷火万应追风灸、谢氏药摩法。除了谢氏药摩法于2021年被认定为传统医药类市级非遗项目外，其他4个均于2022年被认定为传统医药类市级非遗项目。

山茶王凉茶熬制技艺。凉茶非茶，而是用多种草药熬制的，针对岭南独特气候下人们身体共性问题的一种饮料。山茶王凉茶是流行于阳江的一道凉茶品名，其秘方创制于民国初期，代表性传承人有王秀起、王文淋等。

中医正骨（陈氏）疗法，融会武术和医术，以师传、祖传方式相传近百年，代表性传承人有陈彩云、林华国等。

中医正骨（谭氏）疗法，兴起于清朝嘉庆年间，已发展成独立的中医骨科流派，代表性传承人有谭镇亨、谭业发等。

五雷火万应追风灸，能有效治疗颈肩腰腿疼痛等亚健康问题，在阳江传承已有100多年，代表性传承人有黄耀斌、黄晓东等。

谢氏药摩法，治疗软组织损伤，尤其是消除肿胀疼痛疗效明显，该治疗方法已传承15代人，代表性传承人有谢克谦、谢曜爵等。

拳脚生风震八方

阳江太极拳有较高的艺术表演性，其动作刚柔相济、连绵不断，配合音乐与动作融为一体，深受群众喜欢。作为一项传统文化体育运动，阳江太极拳具有浓厚的民族传统文化特色，凝聚了民众对本土文化的认同感。

扫码阅读

太极拳爱好者晨起林下练拳。

阳江太极拳是传统武术、内外家拳、气功的结合体，除具有一般太极拳的特点外，还具有本身独特的风格、特色。阳江武术前辈们在传统的基础上勇于创新，增加促步、辗步、跌步、划步、磋脚等步法，练习时由浅入深层次分明，层层变化逐级提高，快慢相间，以柔促刚，发劲方法独特。阳江太极拳注重内养，动作伸骨拨骨、通经活络，经常练习能强身健体，有很好的艺术性、健身性、技击性，是太极拳中的优秀拳种。

太极拳打出健康体魄

阳江太极拳的历史源远流长，有120多年的历史，是华夏武术一个组成部分，古称“功夫”。它由阳江县江城平冈松柏寨人黄昌赞（1897—1981）整合内外家功夫、在太极拳的基础上创编。黄昌赞自幼随其父黄运胜、台山武术家吴天佑学习内外家武术、气功、洪拳、南少林拳、杨澄甫杨式太极拳、中医跌打驳骨。功成后，他结合自己多年练武经验，创编了符合当地人练习的太极拳——阳江太极拳。该拳双脚微曲，立身中正，上松下稳，手随腰动，以形导气，内外合一，注重内养，动作伸筋拨骨，通经行气，经常练习能强身健体，黄昌赞在平冈、埠场、程村等地设武馆授徒，深受当地群众喜爱。

1955年至1961年，梁世均在平冈中学读书时与黄昌赞侄儿黄道钦是同班同学，闲时经常随黄道钦到黄昌赞家，黄昌赞见梁世均聪明好学，收其为徒传授功夫基本功。梁世均在师承基础上，结合气功、八段锦、易筋经等功法，不断创新完善阳江太极拳。在江城区、阳江市推广发展阳江太极拳，培养学生众多，主要有弟子黄维盛、朱观容、刘红、林举平。黄维盛1995年师从梁世均学习太极拳，2006年创立阳江市太极拳协会并任会长，在全市范围内设立太极拳辅导站30个，在师承基础上融入忽雷太极拳技术特点，进一步完善、定型阳江太极拳。阳江市太极拳协会是江城区推广和发展阳江太极拳骨干力量、主要平台和基地，吸引了江城区乃至全市喜爱太极拳的青少年爱好者前来学习。黄维盛以阳江市太极拳协会、各太极拳辅导站为推广群体，经多年推广发展，阳江太极拳在江城区乃至阳江市当地人练习主要拳种，练习或受影响间接练习的人群众8000多人，主要弟子有：江城区人黄望、敖新权、李孔桥，为阳江市江城区文化体育事业培养了大批太极拳人才。

阳江太极拳除具有一般太极拳的基本要求外，还具有独特的特色和风格，主要包括：一是综合性，融入内外家拳术、洪拳、南派少林拳、气功杨澄甫杨式太极拳；二是敢于创新，在前辈创编的基础上，各代传承人融入了气功、八段锦、易筋经等功法，以及忽雷太极拳技术，易学易练，上功快；三是特色明显，阳江太极拳符合当地人习惯，该拳注重内养动作伸骨拨骨，通经行气，经常练习能强身健体；四是交融性，阳江太极拳是南北武术、内外家拳术当地

太极拳手在市区东岳公园怀乡阁前表演。

拳术的结合体，江城区有广泛的学习群体和群众基础，深受欢迎和喜爱。

阳江太极拳历史悠久，传播影响范围广泛、参与群众多，在江城区埠场镇、平冈镇几乎村村都有练习者，而江城区各公园和社区也有练习人群和队伍，经常见到他们参与社区文化活动的身影。阳江太极拳有较高的艺术表演性，其动作刚柔相济、连绵不断，配合音乐与动作融为一体，深受群众喜欢。作为一项传统文化体育运动，阳江太极拳具有浓厚的民族传统文化特色，凝聚了民众对本土文化的认同感。人们练太极拳强身健体、保卫家园。通过这个载体，人与人交流、村与村交流得更紧密了。

随着时代的发展，生活节奏加快，阳江太极拳的师傅和教练越来越少，练拳的人数也大不如前，推广出现困难，人才断层现象初现。习练阳江太极拳的主要群体，在全市范围成立了 30 个太极拳辅导站点，培养教练人才参加省市各种比赛表演，进一步增强阳江太极拳知名度。目前，阳江太极拳已被列入市级非物质文化遗产项目，相信在政府部门的重视下，在阳江市太极拳协会和社会大力推动下，让阳江太极拳走进更多人的日常生活，培养更多拳术人才。

身形矫健 “鬼脚”无影

潭塘（杨氏）武术，据传始于清代嘉庆年间，由福建一个名叫洪熙官的武林道长的独脚弟子传至广东阳江，一个名叫梁仕卓的教头收其为助教，后来梁忌其才能，将其驱赶到阳春，受松柏村杨家所聘，收有杨四、杨修、肖亨高徒。

后来，杨四因村族械斗出事，于是到阳江华濠传授武艺。不久后，杨四和杨述夫结为师兄弟，他们俩亲密无间、情同手足，杨四毫无保留地将武术传授于杨述夫。杨述夫勤学苦练、精益求精，最终功夫大有增进。杨述夫习练洪拳武术有成之后，声名传得很远，各地武术爱好者慕名而来、纷沓而至，他们一批批登门拜访、求教、切磋。闲暇之余，杨述夫也乐于四处走马任教，台山、开平、恩平、电白、海康、阳春等地都留下其足迹，门下弟子之多无法考证。其弟子之一陈成进，本是已有较好武术的基础习武之人，后拜杨述夫为师，学得其

上至八旬老人，下至年幼孩童，潭塘(杨氏)武术代代相传后继有人。

脚、爪、拳的功夫并加以修正提升。后来陈成进在部队当兵时，就有人传说其有“鬼脚”的绝招。

新中国成立后，潭塘武术团队在杨高林、杨运森的领衔下曾参加过多次武术体育演赛活动，并屡屡斩获殊荣，如湛江地区武术体育运动会第二名、阳江武术体育运动会演第一名（均为1963年所获荣誉）……街坊邻居如有庆祝节日、助喜庆、星狮武术等活动，常有潭塘（杨氏）武术队的矫健身影，现有相关活动光碟保存。

2023年的元宵佳节，市区人民广场锣鼓喧天、人头攒动，由江城区中洲街道潭塘村武术协会带来的醒狮武术表演精彩上演，附近不少市民闻讯而来，在观赏表演中感受浓浓节日氛围。随着铿锵有力的锣鼓声响起，三只英气十足的醒狮欢腾起舞，引得现场喝彩声不断。接着，“潭塘（杨氏）武术”精彩上演，在鼓锣声中，老、中、青三代传承人轮番上阵，挥拳、冲拳、摆拳……演员们双目炯炯有神，拳法虎虎生风，向大家表演底脚、端尖脚、单双龙拳、沉龙拳等基本武术动作。矫健的身手、利落的动作，演绎不一样的武术风采，引得现场掌声阵阵，看得众人直呼过瘾。

在潭塘村进行醒狮武术表演之后，队伍敲锣打鼓来到市区进行表演和巡游，让更多人了解潭塘（杨氏）武术。潭塘村委会负责人介绍，潭塘村自古就有习武的习俗，上至八九十岁，下到两三岁都有习武习惯，是远近闻名的武术之乡，村中有武术队、舞狮队，近代阳江武术界以“鬼脚”出名的名人杨述夫就是本村人，对村中习武风气产生示范引导作用。

“潭塘（杨氏）武术”于2021年被列为我市第五批市级非遗项目。随着该项目表演走出乡村走进市区，强化交流，扩大其影响力，人们在浓厚的节日氛围中，能更好地了解本土传统武术文化、感受到非遗项目的魅力。

▶链接

本篇介绍2个非遗项目，即阳江太极拳、潭塘（杨氏）武术。

阳江太极拳，既具有一般太极拳特征，又名如其实，具有阳江的独特风格，是传统武术、内外家拳、气功结合体，传承已有百余年，于2022年被认定为传统体育、游艺与杂技类市级非遗项目，代表性传承人有黄维盛、黄仁杰等。

潭塘（杨氏）武术，起于清朝嘉庆年间，由福建省传入阳江，距今有200多年历史，于2021年被认定为传统体育、游艺与杂技类市级非遗项目，代表性传承人有杨昆宁、杨计养等。

5

食在江城

本版块包含非遗项目：

◎阳江豆豉酿制技艺

◎阳江大夹肉炒米饼制作技艺

◎阳江猪肠碌

◎阳江凉果

◎阳江腍肉

◎阳江糖鸡制作技艺

◎阳江金猪烧制技艺

◎阳江粽子制作技艺

豆豉米饼代代香

文化的灿烂，文明的兴盛，总是植根于足以支撑人们丰衣足食的一方水土。

正是这样的一方水土，成为“阳江贵地永无忧”的坚实底层逻辑，让阳江人讲这句话讲得底气十足。

这“无忧”核心就是食的无忧。流淌万千年的漠阳江孕育出土壤肥沃、河网纵横的冲积平原，而无垠的大海又带来琳琅满目的无私馈赠，这样的水土之上物产怎能不丰富！

而江城人，又是阳江人当中讲这句话底气最足的，因为江城几乎独享了漠阳江三角洲、出海口。

当然，江城人也从未辜负大自然的偏爱，他们世世代代在这方水土上辛勤劳作、勇敢探索，用耕耘大地、搏击海浪的丰硕成果制作出种种摄人心魄的美食。

扫码阅读

发酵中的黑豆。

只要稍微细心一点的人，都能够观察到阳江人因热爱家乡美食而形成的两个习惯：外出长途旅行时，一瓶豆豉成了必备品，外地的珍馐佳肴也难合胃口，只有拿出一瓶豆豉，才能吃下饭；在行政事业单位和企业办公楼里，办公桌或茶几上往往都摆放着一盒炒米饼，有饥饿感时拿一两块放进嘴里，便齿颊留香，回味悠长，精神饱满。

即便是调料品种极大丰富的今天，豆豉仍然为阳江人所喜爱。即便是充饥代餐的零食品种浩如烟海，炒米饼依旧在阳江的零食版图上占据C位。

豆豉不愧为传统的“阳江三宝”之一，也难怪炒米饼能入“广东四大名饼”之列。或许正因为在阳江、广东的地位与荣誉，这两种美食格外受到人们的珍惜，其制作技艺也得到了更好的传承与创新，如今已双双实现工业化、规模化生产，双双插上宽大的翅膀飞向更为广阔的市场。

阳江豆豉起源有故事

相传数百年前，平冈人王三德的老祖先娶窦氏为妻，生下一个儿子后就得病死了，剩下窦氏带着儿子乞讨度日。

一天，娘儿俩讨来许多煮熟的黑豆，窦氏舍不得吃完，就把剩下的黑豆收藏在瓦罐里。当一个多月过去后，窦氏打开瓦罐一看，发现黑豆已经发了一层厚厚的霉。窦氏把霉洗干净，剩下的重新放进瓦罐。为免得熟豆子再发霉，她特意在上面撒了一把盐。

又过了十几天，娘儿俩回到家门口时就闻到一股奇异的香味，屋里屋外到处找，发现是瓦罐中的熟黑豆散发出来的。拿出一尝，香浓可口。从此以后，窦氏都用这种办法处理讨来的豆子。她去世以后，她的儿子把泡制熟豆的方法教给父老乡亲。为了纪念窦氏，乡亲们把这样制出的熟豆称为“窦氏豆”，或因为是豆制品，或因为取其谐音，后来改名“豆豉”。

这民间流传的故事，虽然难以考证，但能够找到文字记录去印证。据《阳江县志》的记载，追溯到阳江最早的豆豉生产是明末清初，至晚清时盛行，产量最大的是阳江平冈人王庭恕创建别具风味的“三德豆豉”，产品除畅销本地外，还远销四邑、广州、澳门和香港。后来，王庭恕将自己心爱的作品命名“三德豆豉”，这“三德”二字应该是取自王三德的姓名，从侧面佐证阳江豆豉起源于王三德的老祖先之妻窦氏，民间口口相传的故事不虚。

又据民国十四年版的《民国阳江志》记载：“豆菽也土产以黑豆为大宗可作豉造酱酿酒”。可见，阳江豆豉的历史无疑是悠久的，起源至今将近400年。

独特风味，香飘海外

风味独特，这是阳江豆豉酿制人的骄傲。

阳江为丘陵红土地带，属南亚热带季风气候，全年平均温度22.6℃，全年

装坛密封的阳江豆豉。

平均相对湿度78%以上，全年日照时间2060.9小时，这十分有利于阳江豆豉发酵作用的加强以及促进豆豉香味和风味物质的形成。因此，阳江豆（姜）豉通过层层审批，成为国家地理标识产品，产品受到国家保护。

气候条件还造就了阳江豆豉的特别原料：黑豆。唯有阳江当地所产的黑豆，才能生产出豉肉松化、乌黑油润的豆豉。其皮薄肉多的特点，决定了豆豉颗粒玲珑，干湿度适中。在阳江豆豉酿制人眼里，大自然赐予的漠阳江水，以及本地生晒粗颗粒海盐，也是阳江豆豉风味独特的重要原因。

如果说气候条件算是“天帮忙”的话，那么阳江豆豉酿制人一代接一代的不懈探索就是“人努力”了。在近400年的阳江豆豉酿制技艺形成发展历程中，人们找到了独特的酿制技艺，首先在源头上坚持严格选料，其次在蒸豆、制曲、发酵等关键工序中，其火候、温度、湿度的把握都有独到之处，让豆豉霉菌充分生长，强化酶的分解能力，使豆豉色、香、味俱佳，独具特色并烹调方便，成为家家户户厨房必备的重要调味品和佐膳食品，成为一张带有芳香的阳江名片。

风味独特，曾经也是阳江豆豉酿制人的烦恼。

独特的风味，是抢占消费者心智的一把利剑，但也是制约产品销售区域的一道束缚。全国很多地方都有吃豆豉的习惯，但南北口味大不一样，阳江生产的豆豉，在广东、湖南等南方地区有一定名气，但却难以驾驭其他地区消费者的口味，地域性市场就限制了豆豉产业的发展空间。

好在广东等南方沿海地区在海外的华人华侨多，近几十年改革开放让这里更多的人漂洋过海，阳江豆豉等产品也更加顺畅地走出国门，远销港澳地区和欧美各国，现在可以说，在海外，只要华人多的地方，基本能见到阳江豆豉。

20 多道工序 40 余天呵护 成就独特风味

从一粒黑豆到一颗豆豉，摇身一变，成为集外观颗粒完整、色泽乌黑油亮、豉肉松酥、豉香味浓郁醇厚、余味绵长且烹调方便等诸多优点于一身的宝贝，这中间究竟有怎样的魔法？

广东阳帆食品有限公司负责人冯康，是阳江豆豉酿制技艺省级非物质文化遗产传承人，他给出的答案是：有盐低温发酵法酿制，经过 20 多道工序、历时 40 余天才制成。

每天清晨的广东阳帆食品有限公司，一辆辆货车载着一袋袋本地出产的黑豆而来。这些皮薄肉多个头小的黑豆，一下车便要经过约 12 小时的沐浴浸泡“长大”，再进入锅炉里蒸煮 20 分钟。

待熟透的豆子凉透后，便可以平铺在簸箕上，放进霉房制曲，这是豆豉酿制过程的核心。霉房的四面被密封了，仅有微弱的光源。高高的架子搭到了屋顶，整整齐齐地码放着盛满黑豆的簸箕。在这里，黑豆表面会慢慢覆盖上一层白色的霉，这个过程因天气的不同而时长不同，天气热则只要 5 天，天气稍冷则要六七天。酿制工人要做的是，尽量保持期间的温度、湿度稳定。

如此发酵至豆豉表面产生裂纹时，便能“重见天日”了。在被揉擦松散并清洗干净后，加上适量的盐，就转场进入埕里密封继续发酵，以增加其“色香味”。埕是阳江当地的称谓，其实就是一种陶质的大缸，一个埕可装四五百斤豆豉，在阳帆公司的大晒场，足以容纳数千个埕，场面蔚为壮观。

发酵流程需要耗时大约 30 天，究竟何时结束发酵流程？过去靠酿制师傅的经验和感觉。现在则由检测仪器来判断，只要豆曲氨基酸含量达 1% 以上时，就意味着发酵结束，倒出来的就是湿豆豉了。有了仪器的精准判断，持续出产的豆豉在质量和风味上就能保持前后一致了。

发酵后的豆豉虽可以进食，但要包装好拿到市面上销售，还需要经过干燥

包装生产线。

阳江豆豉畅销四方。

与回油环节。晒干后的豆豉还需用柱围囤积堆放，堆放时间 5–10 天，使其回油后表皮乌黑油润，豆豉的特有香味就形成了。

在广东阳帆食品有限公司，参与制作豆豉的工人约 200 人，每年能完成五六千吨的产量。在酿制流程中虽然引入了仪器和机器。但几百年来，蒸煮、制曲、洗曲、配料、发酵等传统做法，至今从未变过。

传统豆豉正焕发新的生机

1954 年以前，阳江豆豉是单家独户的个体作坊生产，即便产量最大的“三德豆豉”“富记豆豉”等品牌，总年产量也不过 100 吨。而如今，仅阳江豆豉有限公司一家企业的年产量，就达到 1500 吨。

如今的辉煌，得益于 70 年前的抱团“发酵”。为改变行业“小、散、乱”的状况，先是成立豆豉生产合作社，后于 1954 年进一步改组成立阳江县地方国营豆豉厂。1960 年后，该厂开展技术革新，用上了蒸汽和动力机械，生产效率持续提高，产品质量也趋于稳定，1983 年，该厂年产量达到 1250 吨，创历史新高。当年，阳江豆豉被评为全国轻工业优质产品。

此后，阳江豆豉产量虽然继续保持增长，但其增长曲线却不再陡峭，增速渐渐降了下来。背后的首要原因，是阳江豆豉，难以驾驭其他地区消费者的口味，地域性市场限制了豆豉产业的发展空间。其次，豉油遭遇大品牌酱油的有力竞争，豉油是阳江豆豉生产厂家的副业，1958 年开始生产，后来，随着“海天”等现代化、规模化生产的酱油品牌崛起，阳江豉油生产规模小、成本高的缺陷日渐显露，其市场占有率不断走低，在 2007 年被迫停产。

面对阳江豆豉产业发展的瓶颈，行业从业者们尤其是阳江豆豉酿制技艺的传承人，没有谁选择“躺平”，而是聚焦创新力求突破，誓要让“阳江豆豉”这块老招牌焕发新的生机。

广东阳帆食品公司就早已行动起来了，他们借鉴“老干妈”以豆豉为中心开发多种风味产品的做法，在保留与传承传统技艺的同时，针对不同消费者的喜好，细分市场，走上了产品多元化之路，开发出原味、蒜辣型、麻辣型、蒜蓉型、葱香型、姜香型等系列口味的产品，还研发豆豉酱推出向市场。

既然已经出发，那就风雨兼程。阳江豆豉的传承创新之路，值得你我期待。

阳江炒米饼入列广东“四大名饼”

阳江炒米饼俗称粉酥，广东省传统名点之一。凭借其口感甜而不腻、酥香脆口的上佳风味，与佛山盲公饼、中山杏仁饼、广州鸡仔饼合称广东“四大名饼”。

相传宋朝后期，阳江城太傅路住着一位陈老太，她经常在当时的石觉寺义务帮工干些杂活，有时候寺里会送一些锅巴、米饭作为回报。陈老太经常舍不得吃完，就将未吃完的部分放到屋顶晒干以备日后再吃或者接济比她家更加贫苦的人家。她把这些储备的锅巴、米饭拿出来充饥时，会用糖和着吃，吃剩的再捏成一团烤干，留作以后当“饭”吃。由于这种饭干松脆酥口，在众口相传中被称为“粉酥”。从那以后，就在社会上流传开了，这就是现在阳江炒米饼的雏形。之后经过一代又一代的传承、改良，加入了更多的配料，才有了现在多种口味的炒米饼。

有文字记载的阳江炒米饼历史，比民间流传的短了很多。《阳江市江城区志》记载，粉酥是阳江春节独有的应节食品，已有100多年的历史。另有2000年版的《阳江县志》记载更细致，

阳江炒米饼。

制作炒米饼。

称清康熙二十三(1684年)后,河堤谷市、草市形成,饮食业随之兴旺,糕饼先是由油糖酒米店兼营,后来成为单独的行业。至1942年,糕饼行有10家,其中河水安饼铺的粉酥最为著名,可惜1949年1月23日失火被烧毁。

如今的阳江粉酥,以江城区田师傅新麒食品厂生产的“田师傅”“陈茂田”品牌(大夹肉炒米饼)最为著名。该厂总经理陈国溪是阳江炒米饼非遗项目的第三代传承人,1998年,他与家人一起在小作坊生产的陈家饼铺基础上成立生产公司,开启炒米饼工厂化、规模化生产的探索之路。

近年来,江城还有不少炒米饼作坊也陆续向工厂化生产转型。陈国溪和他的同行们的探索得到政府的支持,阳江炒米饼项目,已被市政府列为“阳江市重点推动旅游产业发展项目”。现在江城各工业区内已有十余家上规模的炒米饼工厂,江城炒米饼行业走向空前繁荣。

满满仪式感,浓浓邻里情

阳江粉酥,是阳江人过年的传统美食,制作粉酥曾是男女老幼都可参与的快乐劳动。

每年临近春节,左邻右里的妇女集中在一起打米饼,虽然十分繁忙,但个个忙而不乱,分工合作,欢声笑语和打饼的声音充满了农家小院,通过大家的努力,打出来的米饼香甜脆口。

有些人口多的家庭,春节制饼则是全家老少齐上阵,大人小孩围在一起,先把和好的饼粉放到饼模中,接着将白糖、花生和一片切得很薄的肥猪肉作为馅料放入饼模，然后再把一些饼粉按到饼模中，用汤匙来回压紧，再用小木槌在饼模背后把饼从饼模里捶出来，装在筛子里。最后环节是烤饼，要使用木炭来烘焙，火候控制也是炒米饼好坏的关键，出于安全和经验考虑，这就由家中最有经验的长者来把控了。

不论是邻里协作制饼，还是家人合力完成，每年春节前的制饼过程，犹如合奏一首和谐和睦主题的交响曲，把节日的仪式感拉满。现在还有许多人经常回味孩提时春节制饼的无穷乐趣，在他们的记忆里，总是特别盼望春节快快到来，盼望那一块香脆的炒米饼，其实，他们盼望的是舌尖上的享受、制饼的乐趣，更是盼望着加深与邻里的乡情，增进与家人的亲情。

阳江粉酥的饼粉制作环节，不仅靠手艺，还要靠力气，需要用巨大的木擀面杖，不停地将饼粉压平，再混合，直到所有原料全部均匀混合在一起。或许是费力气的原因，导致了阳江炒米饼制作技艺的代表性传承人四代都是男性，形成父传子、子传孙的传承路径。但是，并未形成如同阳江粽子那样明确的“传女不传男”规矩，毕竟，制作炒米饼的很多环节也需要女性的灵巧手艺帮衬。

应节炒米饼变身休闲零食

天上从来不会掉馅饼。美味食物总是来自于辛勤的劳作、智慧的结晶。这不，阳江传统炒米饼的制作就包括繁琐的流程，概括而言分为三大步骤。

第一步骤，精心的原料准备。精选优质大米洗净晾干，然后放入铁锅中炒热，炒至能闻到香味，能看到米粒发黄，再取出磨成粉末，这便是炒米饼的主料“炒米”了。再把花生、芝麻，同样在铁锅中炒熟、炒香，然后用擀面杖把花生擀压成碎粒。

第二步骤，灵巧的成型过程。首先把炒米粉加入鸡蛋、食用油、砂糖，用手搅拌均匀。和粉过程中分步适量加入清水，使炒米饼充分吸收，慢慢形成有弹力的粉团。

然后取出饼模，在饼模上加入少许干燥的炒米粉，以利于后续容易脱模。按照皮薄馅多的要求，取适量和好的炒米粉团放入饼模，其上堆放花生碎、芝麻、薄片肥猪肉等馅料，再放一层炒米粉团，然后用汤匙把表面压实刮滑，再拿木棍敲打饼模的两端来震动脱模。

第三步骤，靠经验的烘烤环节。把烤塔中的木炭烧燃，烤塔分底层、中层、高层 3 层，底层温度最高达到 140 度。把炒米饼先后放到底层、中层、高层各烘烤 1 小时，炒米饼的米香就完全散发开来。

除了比较复杂的生产工序值得说道，阳江炒米饼还有相当的艺术价值，其饼模以前是木制的，上面刻有祥禽瑞兽、花草树木，还有福禄平安之类的文字，一般一版两个，炒米饼非遗项目活态传承人陈国溪，十分注重保留关键的传统工艺及饼形饰纹。同时，为满足不断扩大的市场需求，陈国溪和他的家人们也注重生产技艺的创新，譬如，将木制饼模改为机械化压制，实现了一版数十个；又譬如，传统的粉酥是用黄糖加水煮成糖胶来和粉，那会容易成型，但是比较坚硬，难以嚼食，经过他们不断地摸索研究，调整糖水与糖粉的比例，直至达到直接用白糖来和粉，既解决了松散易碎的成型难题，也消除了口感坚硬的问题。

阳江炒米饼越来越美味，跟上了本地群众消费升级的节奏，抓住了当地旅游业大发展的红利，搭上了电商销售的风口，变身休闲食品和外来游客喜爱的手信，其保护与传承的前景一片光明。

小朋友们在现场亲手体验制作炒米饼。

▶链接

本篇介绍 2 个非遗项目，即阳江豆豉酿制技艺、阳江大夹肉炒米饼制作技艺。

阳江豆豉酿制技艺。自明末清初起，阳江人就用优质黑豆、漠阳江水、粗粒海盐，精心酿制一张带有芳香的阳江名片，至今已有近 400 年历史。这项岁月沉淀的技艺，于 2007 年被认定为传统技艺类省级非遗项目，代表性传承人有冯康、冯一森等。

阳江大夹肉炒米饼制作技艺，阳江炒米饼，与佛山盲公饼、中山杏仁饼、广州鸡仔饼并称“广东四大名饼”，其制作技艺传承史，按民间传说起始于宋朝，按文字记载也有百余年了。该制作技艺于 2022 年被认定为传统技艺类市级非遗项目，代表性传承人有陈国溪、陈茂田等。

猪肠碌里无猪肠

故乡把味觉深植在游子的舌尖上、记忆里，即便走得再远，熟悉的味道也会提醒游子，故乡的方向。

猪肠碌、凉果、脸肉、糖鸡，都是外出江城游子灵魂深处的味觉记忆。

扫码阅读

阳江特有美食猪肠碌。

炒豆芽。

包猪肠碌。

放葱花和芝麻。

对于江城人来说，别说久居他乡的游子，就是很多因经商、旅行或公差外出只有短短几天的人，回到江城的时间不论是白天、深夜，第一件事往往都是去到餐饮店家饱食一顿猪肠碌。只有吃过猪肠碌，似乎才算回到了家，思乡之苦才得到慰藉。

当然，凉果、脸肉等美食也能在相当程度上慰藉江城游子思乡之苦。

阳江特有美食猪肠碌

“圆圆滚滚一条肠，内外豆芽芝麻香。最妙搭片破红布，细仔大人爱品尝。”

这是一则谜语的谜面，从能否立即猜出其谜底，就能区分出你是不是阳江人。这则在阳江儿童中流行的谜语的谜底就是猪肠碌。

阳江猪肠碌是一种米制粉类美食，用米浆炊好的粉皮和豆芽等一起制作，其做法类似于肠粉，吃时蘸点辣椒酱，风味独特，是阳江人早餐、消夜首选小吃，不管是路边小摊还是星级酒店，猪肠碌都是点单率最高的选项。

作为阳江的特色小吃，猪肠碌只出现在阳江区域。如果非要寻找相似产品，只能从制作环节中的“卷”，勉强找到江门等地的粉卷有相似之处，但从制作的复制程度、厨艺的要求、色香味的体现来看，两者间又是截然不同的。

在阳江市的各县(市、区)当中，

猪肠碌特色更突出、受欢迎程度更高的区域又是江城区。阳江各县(市、区)的猪肠碌在名称、制作流程、主要食材、外观、食用习惯等方面基本一致。但也存在一定的差别:江城区的猪肠碌相对更贴近历史传统,以粉皮和豆芽为炒料,外表面撒白芝麻,最讲究炒的火候;阳西县的猪肠碌相似,但火候稍弱,有时会卷胡萝卜等食材,一般不撒白芝麻;阳春的猪肠碌会卷花生其他食材,也不太要求火候。

猪肠碌的起源没有文字记载

江城区纳入保护的 32 项非物质文化遗产项目,大多数能从史志等书籍中找到历史起源的文字记录,而最受群众喜爱的猪肠碌却找不到。

没有文字记录会不会导致关于猪肠碌的记忆消失,又会不会影响猪肠碌制作技艺的传承?

当地民众认为,对猪肠碌的记忆与认同已经深深刻进他们的骨髓与灵魂,这种代代相传的全民共同喜爱,能如文字一样久远流传。尽管当地没有人说得清猪肠碌的历史,但他们坚信猪肠碌的历史是悠久的,向阳江人问享用猪肠碌的历史,就好比向沿海居民问吃鱼虾的历史,正因为说不清,才表明早已经习以为常,以至于史志的撰稿人未将其作为特殊的技艺写进书中。

虽无文字记录猪肠碌的起源历史,但其名称的由来却体现人们的一种积极心态、一份美好愿望。在物质贫乏的年代,食肉是一种奢望,智慧的百姓以粉皮、豆芽等素食卷成猪肠的形状并冠以"猪肠"的名称,素食肉称,是一种对当时困难生活的慰藉。由于猪肠碌的馅要先放在一张米粉皮上,顺一个方向滚动才可包成,所以取名为"碌"。再者,"碌""禄"同音,也表达了人们对美好生活的向往。

同时也可以相信猪肠碌制作技艺的传承。在阳江的厨师行业里有一个惯例,一个学徒在酒店学厨艺要从学炒猪肠碌粉开始,火候、颠勺、味道等基本功在一盘猪肠碌里充分体现,炒猪肠碌事实上承担了考核一个厨师厨艺水平的重任,这就支撑着猪肠碌技艺的传承。

支撑这项技艺传承的,还有 1984 年出生的黄永湾,1981 年出生的庞耀律,他们是猪肠碌制作技艺的第一代

"碌碌香"牌猪肠碌。

传承人。为了承担起光荣的传承使命，他们开设了江城区碌碌香餐饮店，注册了含有传统文化元素的商标，设计了猪肠碌卡通形象，提出了“体验，不止在美味！”的标语，启用了以阳江景象为背景的包装盒，创新了多种不同口味选择的猪肠碌，将猪肠碌美食文化更深地植入年轻人心底。

阳江凉果

阳江凉果：
小城的喝粥配菜　而今畅销海内外

江城老城区土生土长的50后、60后的记忆里，一定有这样一幅儿时图景：有人走街串巷售卖醋浸“燕智子”，受父母之命去买回家作为喝粥的配菜，也有不少家庭主妇会自己动手在家里腌制一些。这种酸酸甜甜的美食，便是当地一代代人在接力喜爱的阳江凉果，其制作技艺如今已被江城区申报为非物质文化遗产保护项目。

阳江市利事达食品有限公司生产的凉果产品。

阳江凉果制作技艺，是流传于阳江地区的一项食品腌制技艺，传承历史至少有 300 年。据《广东历代方志集成》之肇庆府部（二七）（康熙二十年）《阳江县志》物产篇中记载着益智、砂仁、仁面、橄榄、杨桃可入盐或蜜渍，这是阳江凉果传统制作的雏形。

处于亚热带的阳江，依山傍海，盛产优质海盐和优质益智、春砂仁、仁面、枇杷、荞头、杨桃、桔子、乌榄、白瓜等；充足的光、热、水等环境条件，又为阳江凉果制作的核心工艺“盐腌”“晒胚”等过程提供了天然有利的条件，再有高超的制作技艺加持，就产出了营养丰富、口感纯正、果味浓郁的阳江凉果。

据《精编本草纲目》记载，益智、春砂仁都有极高的药用价值，现在都是中国国家地理标志产品。其中，益智是阳江山区地方特有的野生品种，系阳江特产的“食三宝”之一，而砂仁多产于云南，但生长于阳春的砂仁质量更优，所以冠名“春砂仁”。

经过一代接一代的传承创新，阳江凉果越来越受民众喜爱，已成为阳江最具代表性的优秀旅游产品之一，也是阳江市民馈赠亲友和送礼的首选。产品不仅畅销内地和港澳台，还远销美国及东南亚地区。

一颗小凉果，三代大学生

阳江凉果制作技艺以家族、师徒、群体为主要传承方式，制作技艺已经形成规范的流程和工序，得到了较完整的保护、传承和发展。据统计，阳江地区目前拥有生产阳江凉果的大中小型企业有几家和部分家庭小作坊，该项技艺的传承群体约有 1000 余人，年产量约

1 万吨，年销售总额约 1 亿元。

在这较庞大的传承群体中，作为阳江凉果制作技艺项目保护单位的“阳江市利事达食品有限公司”无疑是业界领头羊。创立该公司的利衍昌上下几代人书写的凉果故事广为传播。

第一代传承人利桂，虽年少家贫，被迫以卖凉果为生，但他不安于现状，吃苦耐劳且富有才艺。他凭借腌制凉果的好手艺和鼻子吹双萧的绝技，把凉果生意做得风生水起，1915 年就在阳江城南恩路丁屋巷建起自己房子，还把孩子培养成 20 世纪 50 年代的大学生。

第二代传承人利衍昌，继承父母的乐观进取精神，在 20 世纪 50 年代考入华南农学院就读，那时的大学生，真可谓凤毛麟角啊！他毕业后在湛江农科所从事 17 年农业与食品研究，不惑之年回到阳江报效家乡建设，研发食品的冷冻与贮藏技术，率先推出了九制益智、蜜饯益智、九制黄皮、蜜饯黄皮、糖醋仁面、九制仁面、甜酸荞头等系列凉果产品。利衍昌敢为人先，抓住改革开放的机遇，探索工业化批量生产凉果的路子，率先开办了阳江县首批民营凉果生产加工企业。

第三代传承人利小冰，利衍昌的女儿，受良好家风熏陶，成为利家第二代大学生，现为阳江市利事达食品有限公司董事长。她大学毕业后跟随父亲刻苦钻研凉果加工工艺，继承品质至上的优良传统，融入现代化管理理念，为做出能够传承百年的产品而不辍深耕。

第四代传承人关天昊、梁紫珊、林楚霏，俨然一个年轻的传承群体了，他们长大成人、学成归来，都加入了阳江凉果制作技艺保护与传承创新的事业中。

脍肉：阳江版的“东坡肉”

有着几百年历史的“阳江脍肉”，是流行于阳江地区的一道美味菜肴，成品色泽红亮，味醇汁浓，酥烂而形不碎，香糯而不腻口，深受大家的喜爱，成为当地喜宴必不可少的传统菜式之一。

在阳江吃脍肉，品美味固然有乐趣，更有乐趣的或许是关于其由来的谈资，因为它是阳江版的“东坡肉”。

“东坡肉”是以苏东坡的名字命名的菜肴。苏东坡是北宋时期的著名诗人、书法大家，对烹调菜肴亦很有研究。他在黄州写下《食猪肉》一诗：“黄州好猪肉，价贱如粪土，富者不肯吃，贫者不解煮。慢着火，少着水，火候足时它自美。每日早来打一碗，饱得自家君莫管。”可见他对自己烹制的那道烧肉是何等满意。

后来苏东坡到杭州做太守，务实为民有建树，组织民工重整西湖容貌。杭州百姓送猪肉致谢，他将这些猪肉煨制成红烧肉，分送给参加疏浚西湖的民工，大家将此烧肉命名为“东坡肉”。后来苏东坡到广东等地为官任职，此菜随之流传到岭南，并成为中外闻名的传统佳肴，一直盛名不衰。

东坡肉能获得“阳江脍肉”的专有名称并在阳江世代传承，除了鲜美的味道、深厚的文化底蕴，其丰富的营养也是重要原因。

有从事营养和养生研究的学者论证，东坡肉的养生作用体现在三方面。一是补充蛋白质，五花猪肉为人体提供优质蛋白质、必需的脂肪酸、血红素（有机铁）和促进铁吸收的半胱氨酸，能改善缺铁性贫血。二是补肾养血，五花猪肉味甘咸、性平，入脾、胃、肾经；补肾养血，滋阴润燥；主治热病伤津、消渴羸瘦、肾虚体弱、产后血虚、燥咳。三是滋阴润燥，猪肉煮汤饮下可急补由于津液不足引起的烦躁、干咳、便秘和难产。

数百年来，阳江人在坚持苏东坡确立的基本制作技艺的基础上，结合当

阳江脍肉。

地气候与饮食口味需求，世世代代精进烹制技艺，逐渐形成古法天然的制作理念，注重保留食材原汁原味。阳江人采用当地农家饲养八个月的土猪，取其新鲜五花腩肉，再配上八角、甘草、陈皮、桂皮、姜片、白糖、片糖、米酒、水、花生油、海盐、葱头等本地出产的天然香料和食材。单从这丰富的配料，就足以见得阳江人对生活的热爱，对阳江脸肉这道兼具营养、文化价值的美食，保护与传承的态度历来是认真的。

这种认真的态度，在阳江脸肉制作技艺非遗项目传承人何崧记的身上得到集中体现。尽管已是68岁了，作为该技艺第三代传承人的何崧记，还坚守着他亲手创办的南城饭店，尽管人们的饮食喜好有迁移，他仍坚持着以阳江脸肉作为招牌菜式，尽管市民居住地不断向新城区迁移，他仍坚持在老地方开饭店，只为服务中老年人这个铁杆顾客群体。他的付出是有回报的，不仅传承发扬了这项传统美食的制作技艺，还获得了良好的经济效益，如今，南城饭店的“阳江脸肉”制品年销量超过10000多斤，饭店产值过1000万元。

阳江糖鸡：
江城城区独有的传统美食

每年的农历八月初十至八月十五那几天，江城区龙津路比平时格外热闹许多，那里售卖的一种既可赏玩又可品尝的美食，总能吸引老阳江人带

市民在龙津路一家店铺选购糖鸡。

着儿孙前来围观购买。老阳江人前来的意义，与其说是陪孩子，不如说是回忆自己的童年时光，孩子前来的意义，自然是为那一口美食、那一份乐趣。特别是近几年短视频兴起后，还少不了“网红”前来打卡拍照“蹭流量”。不能不叫人感叹，这美食“吸睛”的力道真大。

什么美食如此“吸睛”？那就是阳江糖鸡，一种在中秋才有的传统美食，一种只在江城城区流传的特色美食。如此“小众”，在江城的美食中真正是独一份的存在。

尽管每年受人关注的地域狭窄、时间短暂，但糖鸡流传的历史却甚为悠久。据记载，早在清朝，阳江城里就开始有人制作和销售糖鸡。市民把它买回家，作为中秋赏月的必备吉祥物。让我们来脑补这样的画面：红红的灯笼，红红的蜡烛，红红的糖鸡，红红的脸庞，一轮圆月之下，一派喜气洋洋，古风犹存，幸福吉祥。这样的中秋夜难道不香吗？

“清末时期，曾祖父李学添开始制作糖鸡，后经过祖父李宗诚、父亲李孔波再到我这一辈，至今已传承四代。”糕饼艺人、糖鸡制作工艺主要传承人李孟文介绍，糖鸡制作原料主要是白糖，白糖熬成糖胶，加上食用色素，用各款式糖鸡印模印制成型，印制的糖鸡栩栩如生。当然，制作过程是先由艺人雕以精美木模，把调好的糖水浇注其中成为糖衣，待晾干后脱开木模取出红艳艳的糖鸡，其色彩以红色为主，也有白色、黄色、橙色等其他色彩点缀，其造型也不局限于雄鸡，只要增加模具，便能增加造型，形似大肚佛、鲤鱼、狮子、鸭子、猪、老鼠的糖鸡也很受欢迎。

颜色鲜艳的糖鸡。

或许因为历史形成的仅在中秋吃糖鸡的习俗，对于糖鸡制作人来说，一年之中只有中秋节前忙得应接不暇，其余时间无所事事，单靠制作糖鸡是不足以维持生计的。所以，即便是糖鸡作坊最辉煌的时期，阳江城里也只有 4 家人制售糖鸡，其中最著名是李孟文家族。

如今，人们生活节奏加快，崇尚低糖低盐饮食，阳江糖鸡制作更趋式微，一些有着浓郁糖鸡情结的老阳江人担心，提着糖鸡赏月的情景将来只能在记忆中回味。

其实市民也不必太担心。首先，

阳江糖鸡具有原料健康、观赏性强、寓意吉祥的特点，是有保护传承价值的，也是有一定存续生命力的。其次，江城区文化馆已担负起阳江糖鸡制作技艺非遗项目保护单位的职责，他们已经开展糖鸡制作技艺进社区、进校园行动，培养制作技艺人才，加大保护传承力度，使该项目后继有人。

▶链接

本篇介绍4个非遗项目，即阳江猪肠碌、阳江凉果、阳江脍肉、阳江糖鸡制作技艺。四者均于2022年被认定为传统技艺类市级非遗项目

阳江猪肠碌，一种米制粉类美食，一种阳江独有的特色小吃，一种史籍里查不到记录的全民共同记忆，其代表性传承人有黄永湾、庞耀律等。

阳江凉果，原本只是当地千家万户的喝粥配菜，其腌制技艺传承已达300年，而今已工业化生产走向全球，代表性传承人有利小冰、关天昊等。

阳江脍肉，是在东坡肉基础上演化而来的美味，扎根阳江数百年，代表性传承人有何崧记、古业凤等。

阳江糖鸡，只在中秋"昙花一现"的美食，只在江城流行的小众美食，生命力竟如此顽强，从清朝至今传承不衰，其制作技艺代表性传承人有李孟光、李孟文等。

富贵金猪四季粽

如果说，清明节举家返乡祭祖仅仅体现对家的依恋认同，那么，端午节万人空巷观龙舟赛以纪念爱国诗人屈原，则表达了对国的深沉热爱。可见，江城人民是具有家国情怀的。

国是家的集合，家是国的细胞。维护家的团结，增进家的幸福，国的兴旺便有了坚实的基础。因而，江城人强调把对国家的热爱落实到对家庭的呵护上，这应该也是一种朴素的知行合一。

扫码阅读

粽子。

在江城，除了春节之外，民间参与活动人数最多、最广泛的传统节日，那就是清明节和端午节了。清明节的主题是悼念各自家庭、家族的祖先，端午节的主题则是纪念“虽九死犹未悔”的爱国诗人屈原。两大节日都寄托着江城人慎终追远的情思。

江城人对清明、端午两大节日的重视，还表现在他们对两种节日食品的虔诚上，一是精心烤制的金猪，二是工艺、选料都费工夫的粽子。

清明金猪祭祖：告慰祖先，激励后辈

江城人在清明节扫墓祭祀活动的习俗由来已久。扫墓时，晚辈带着各种祭品到祖坟前，为坟墓除草添土，在坟头插上白纸条，然后摆祭品、烧纸钱、敬酒、点香烛、燃鞭炮，以示对祖先的悼念。

江城人扫墓大都集中在清明节，很多在外地工作的乡亲、港澳同胞和海外侨胞都赶回来拜祖，寄托哀思和怀念。这一天，从城区和各镇区出发回乡扫墓的车辆，一早就川流不息，傍晚回程车辆亮着灯绵延数十公里，甚为壮观。随着时代进步，江城人清明拜祭祖先的形式趋于多样化，新潮现代一点的，祭品从鲜花发展到小车、别墅等塑（纸）制模型；更多的人仍然沿袭传统方式，祭品少不了烧肉、生果、糕点之类，也有不少的家庭由孝子贤孙们将整只金猪抬上坟前拜祭的。

选料极其讲究、烤制流程甚为繁琐的金猪价值不菲，所以在江城民众看来，全家齐心协力抬着整只金猪去拜祭祖先，就是向祖先展示后辈人丁兴旺、团结和睦、事业成功、家境殷实。可以说，金猪就是一个载体，一个让人们得以告慰祖先的载体。显然也可以说，用金猪拜祭祖先能够激励后人团结拼搏、积极进取。用民间世俗接地气的话说，便是“红红火火”“红运当头”了。从这个意义上看，金猪祭祖对促进社会的进步无疑是有正向助力作用的。

也正因为金猪在清明节祭祖仪式上的重要地位和作用，在江城人的清明期间必备物品里，金猪就是最具代表性的食品之一。烤制金猪的优秀手艺人当然受到人们的尊重，进而让金猪烤制手艺代代相传，不断精进。

金猪烤制技艺绵延1500年

所谓金猪，就是在烧猪头部插上金花（即簪花，尖形，用金色的纸制成），用作祭品。江城金猪制作作为一项传统技艺项目，金猪被烧制成红色的脆皮又有“红皮赤壮”“红运当头”的寓意。

江城美食种类特别多，因而享有“食在江城”的美誉。在这诸多的美食当中，若要论传承发展历史的长度，可能当属土炉柴火烤制的金猪了。

江城历史悠久，最早历史可以追溯到春秋时期，江城地域为百越之地。这里的金猪制作技艺历史也不短，据考证有1500多年，早在南北朝时，贾思勰就在《齐民要术》中记载了“炙豚法”，并形容烤出来的乳猪“色同琥珀，又类真金，入口则消，状若凌雪，含浆膏润，特异凡常”。金猪制作技艺长盛不衰，历代相传。

另有《博物志》也进行了记载，说“生岭南”的猪“白而极肥”。还有清代的《岭南杂记》说，“出南雄”的猪“皮薄肉嫩，与常猪不类”，以其烤制“烧猪”，真是得天独厚。

清代，烧乳猪原本是全国多地烹制满汉全席不可或缺的烧烤大件。或许因为岭南的乳猪更适合用于烤制金猪，所以在清代以后，烧乳猪在其他地方几乎销声匿迹，唯独在广东仍大行其道，其制作技艺不断发扬光大。食用的场合也不断扩展，从清明祭祖扫墓活动的必备祭品之一，到出现在开工庆典或重大活动的祭祀仪式上，再到多数宴席必备的粤式烧腊之一，如今已成为广东一道传统名菜，在传统粤式筵席居于头盘的地位，以至于落箸吃第一块金猪往往代表宴席的正式开始。

而江城金猪则沿袭了广东特色。

土炉柴火，烤制别样金猪

广东人说食在广东，阳江人说食在阳江，江城人说食在江城。江城人坚信江城区的美食更胜一筹，那是有原因的。譬如，在烤制金猪这道美食上，江城人的态度是认真的：沿袭但不简单地复制，而是不断创新精进，形成自己的特色。

尤其是作为土炉柴火金猪制作技艺这一非物质文化遗产的传承人群体，在江城区城西街道的那西村，有50多人对烤制金猪的态度可以说是极其虔诚的，当别的地方先后改用蜂窝煤球、天然气作为燃料时，他们至今坚持使用土炉柴火，由此带来

更多的劳动量他们也不在乎，目的只为了做出更地道、更可口的别样金猪。

但是，要想制作别样金猪，可不仅仅是选择燃料这么简单。在江城区城西街道那西村的岳记金猪作坊里，土炉柴火金猪制作技艺的第三代传承人冯东岳概括，他们在选材、剔骨改刀、腌制、火候、焗制工序、配方等各方面都坚持自己的特色。其中最为关键的是讲究选材、腌制和烧制三道工序，首先选用优质唐猪（又名本地猪仔），现宰后冲洗干净，挂起来沥干水分，再进行剔骨和削肉；然后腌制猪肉，腌制过程讲究“咸香淡甜”，腌制两小时入味后，用针耙在猪皮上耙遍小孔，预防第一炉时猪身起大气泡，导致皮与肉分离；第三道工序在烧猪时主要靠烧猪师傅对火候的掌握。

冯东岳还特别强调了剔骨和改刀手法的重要性，认为这正是考验一个烧猪师傅基本功的环节，哪里该下刀、哪里该剔骨，一招一式就像金庸笔下的刀诀一样，极靠经验积累。正因为烧制过程每道环节都讲究分寸的把握，因而烤金猪在当地也被视为烧腊行业的基本功。或许也是因为这种极其依靠制作人经验、感觉的特点，又使这项传统技艺具有可意会、难言传的特点，在传承上也就走上了家族内部、师徒之间、附近厨艺爱好者群体的传承路径。

时间是食物的挚友，经过时间沉淀和制作者精心烤制出来的烧猪皮松脆而味不走，那才是寻常人间烟火的魅力所在，一口下去，肉质香甜糯口、肥而不腻、猪皮金黄并酥脆弹牙、入口即化。

端午食粽，是为纪念爱国诗人屈原

端午节在所有传统节日中别称最多，譬如“端阳节”“天中节”“龙舟节”“重午节”“粽子节”，等等。同时，端午节的起源也有最多种的说法。

一种认为端午是龙的节日。

一种认为端午节起源于恶日，这与夏季疾病瘟疫滋生为灾有关。人们认为五月为“恶月”，蛇、蝎、蜈蚣等种种害虫开始祸害人间。同时，人们从实践中认识到艾草有驱蚊除虫功效。因而形成了挂艾草、烧艾叶等习俗，目的在于防治疾病瘟疫。

一种认为起源于纪念屈原。战国时期楚国的爱国诗人屈原被楚怀王流放后，秦国攻陷郢都，屈原悲愤交加，于公元前 278 年农历五月初五投入汨罗江，以身报国。后人为敬仰和怀念他，便把他投江的那一天，定为端午节。

相传在屈原投江之后，当地江边人民把米和草叶包成粽子投进江里，一方面祭祀屈原，另一方面喂水里的鱼和蛟龙，希望它们吃粽子而不去伤害屈原的遗体。

江城人对上述三种起源都知悉，但多数人认可的是纪念屈原和防治瘟疫的说法。因此，江城人的端午习俗主要就是家家户户挂艾草、包粽子，万人空巷观看赛龙舟。

当然，随着江城粽子制作技艺的不

断精进改良，粽子越来越成为一道可口美食，其食用场景也不断增多。江城区除端午节外，老人生日、小孩满月、逢年过节，都会包粽子。如今，粽子已成为酒店茶市的传统美点，还有粽子制作技艺出众的人专门开店包粽子批量出售，对于喜好粽子的吃客来说，买回家上锅蒸或煮至热透即可享用，如此适应快节奏生活又满足口腹之欲的美食，当然会在一年四季随时品尝。

江城咸肉粽，独具好风味

粽子是阳江人世代相传的重要应节食品，历史甚为久远，据记载清代以来，阳江地区有端午节“赛龙舟、吃粽子”的传统习俗。

全国很多地方有端午吃粽子的习俗，而各地粽子的包制方法及风味又各不相同。江城粽子也是具有独特风味的，以其“味道鲜美、鲜而不腻、暖胃益气”等显著特征而广受周边百姓欢迎。

现在，江城粽子的品种很多，灰水粽、绿豆蛋黄咸肉粽是最为传统的品种。作为阳江粽子制作技艺第四代传承人，苏丽燕和第三代传承人一起，既传承又创新，制作了很多粽子品种，但在她的眼里，还是绿豆蛋黄咸肉粽的风味最独特。

绿豆蛋黄咸肉粽是一种包馅粽，其风味的基础就在于所用到的材料，其中主料是糯米，得选用阳江当地上一年出产的糯米；馅料有绿豆仁、江

粽子作坊。

江城区好姐妹美食店制作的“姐妹粽”。

城沿海咸淡水交汇处出产的海鸭蛋、新鲜上好的五花腩肉、野生蛤蒌叶；包裹材料有天然箬竹叶、天然马莲草等。其中，野生蛤蒌叶、天然马莲草值得特别说道。

野生蛤蒌叶是胡椒科植物，气味芬芳，在《本草图经》《唐本草》《海药本草》等书中皆可考证，可以起到活血化瘀、温中散寒、调理肠胃等功效，适量食用可以排出体内的寒气。此外，在长达4个小时的高温熬煮中馅料五花腩肉已经被蛤蒌叶的特殊植物气味渗透，蛤蒌叶近似胡椒的特殊气味使腩肉因高温发生水解的蛋白质在口感上变得通透且芳香，当水解后的油脂再进一步浸润其他食材后则形成了一种新的复合风味。

采摘自咸淡水交界处的马莲草，在性状上与箬竹叶相似，有香气可清热泻火、通经络。

繁杂工序寄托对生活的爱

苏丽燕打理江城区好姐妹美食店，店里出产的粽子被人们亲切地称为“姐妹粽”，其主打品种为传统的咸肉粽，要经过选料、浸米、煮叶、制馅、打壳、包裹、捆线、熬煮等多道工序精心制作而成，每一道工序都很讲究，都得用心用情，真正是寄托了她们对生活的热爱。

姐妹粽在造型上为锥体形，包裹捆扎方式仍然沿袭传统手工艺，按照初步定型、加部分料米、加馅、加料米、粽叶定型、裹扎的步骤进行裹粽；要求料米分两次投放，内馅投放位置取中间，以四绕两扎的传统方法捆扎为锥体形，整体松紧适当，四角端正，两端大小均匀，成形粽子粽叶外观无破损。

其具体制作流程如下：

浸泡糯米，选用香糯米用温水浸泡约3个小时，期间需用双手由盆底往上翻动糯米1至2次，以便浸透；最后用梳孔竹篾或滤篮滤干水分；等糯米水分滤干后放入本地压榨的花生油及盐拌匀待用。

煮粽叶，在锅中加入冷水煮沸，水开后放入粽叶煮约10分钟即可取出洗净两面。

清水清洗野生新鲜的假蒌叶，然后用盐腌制至略出汁液备用。

选取个头饱满、色泽自然的绿豆仁，清水清洗后放入调料备用。

腌制五花腩，取五花腩肉切成二指宽的块状，然后放入调料拌匀待用。

选取外观颜色自然的海鸭蛋，敲碎后分离蛋清和蛋黄，蛋黄备用。

提前半个月采摘新鲜马莲草晾晒，晒干后用小刀将每根纵向切分为三细根，接着将其头尾打结相连，再圈成团即可作为粽绳备用。

将糯米用凉水浸泡半小后待用。

做完上述步骤，仅仅意味着美味咸肉粽的材料备齐了。接下来包裹粽子的环节也甚为考验耐心和手艺，其核心要点是，在装填食材时，糯米要居外围，馅料居中，在包裹粽子时要松紧适度。（具体详见文末链接）

最后，灶台起火，深铁锅注入三分之二的水，放入粽子熬煮；一个小时以后将锅里的粽子上下对换位置，再以慢火熬煮3个小时即可。

坚守且创新，粽香飘向全国各地

阳江粽子制作技艺的传承人，都对这项传统技艺有着严肃深刻的思考，在她们看来，自己肩上的责任沉甸甸，首要的责任是原原本本的坚守与继承，再向后代传递接力棒，但又必须对制作技艺进行与时俱进的创新，使其不断发扬光大，不断增强生命力。

这种既坚守又创新的责任感、使命感，在第四代传承人苏丽燕和她的母亲谭东媚（第三代传承人）身上表现尤为强烈。

当各地使用天然气灶具熬煮粽子时，苏丽燕她们不怕麻烦，坚持用柴火“灶台”熬煮粽子，因为柴火在传统粽子制作技艺里发挥着非比寻常的作用，即柴烧灶台的焰心温度可达600℃～800℃左右，在这样的温度下持续4个小时的熬煮，刚好促使馅料之间相互融合浸润形成一种新的复合风味。

江城“姐妹粽”的粽子制作技艺，在几代人的家规中“只传女不授男”，苏丽燕表示她们会继续遵守这一家规。但难能可贵的是，2002年谭东媚打破只在家庭内部传承的旧框框，主动向8位下岗女工人传授阳江裹粽技艺。这样既帮助8位女工解决就业问题，又夯实了阳江粽子制作技艺的传承基础，还扩大了“姐妹粽”的生意，

"谭二姐"粽子。

提升了品牌知名度。此举让谭东媚广受赞誉，由于在家排行老二，所以大家都尊称她"谭二姐"，"谭二姐"与"姐妹粽"如今都是阳江粽子行业响当当的招牌。

传承与创新相结合的另一例证是，苏丽燕在她母亲的支持下，两代传承人合力进行粽子品种的创新。除传承制作灰水粽，绿豆蛋黄咸肉粽，她们创新制作了江城瑶柱虾米海鲜粽、腊肠粽、紫米粽、西米粽、小米粽、海胆鲍鱼粽等，加之江城区近年来在交通、通信、旅游等方面的沧桑巨变，江城"姐妹粽"的产品已远销至新疆、甘肃、北京、山东、湖南、四川、云南等地。

作为传统文化的载体，江城"姐妹粽"散发着独特的魅力，俨然成为一张闪亮的江城区历史文化名片。

江城咸肉粽的包裹方法

粽叶初步定型，以粽叶光滑的一面为内里，取粽叶两张头尾相叠，用双手抓住粽叶两端向上互相重叠为椎体型；由突出粽叶的部分向外。

以左手托住椎体形粽叶壳，先加入三分之一的糯米，上铺一层绿豆仁，将接着放入海鸭蛋，取一张假蒌叶包裹一块五花腩放置中间位置，再加料米遮盖住馅料。

取两张粽叶头尾颠倒相叠，从内往外包在锥形体粽子上，先从左边把粽叶往右边折叠按平整，接着把右边的粽叶往左边折叠，然后慢慢改用左手虎口拖住粽子，用双手的大拇指把上端的料米位置作为折叠线把粽叶往内折回，接着剪去多余的叶子。

左手托住粽子，粽叶折回的部分向上，用粽绳以类似Z字的方式捆扎，粽绳从Z字左边底部拉上至右边，用左手压出（线要长于粽子约10cm）同时从右边顶部绕出，接着由上往下绕四圈（上疏下密，松紧适宜）至预留粽绳位置时两条绳子交叉十字往上拉到顶端，在顶端再交叉十字往另外两边拉下打结即可。

▶链接

本篇介绍2个非遗项目，即阳江金猪烧制技艺、阳江粽子制作技艺。两者均于2022年被认定为传统技艺类市级非遗项目。

阳江金猪烧制技艺，准确地说，是江城区城西街道那西村岳记土炉柴火金猪制作技艺，在那西村，有一群人，不断精进已传承1500年的金猪制作技艺，其中代表性传承人有冯大诚等。

阳江粽子制作技艺，阳江人端午食粽的习俗始于清代，大约才300年，比内地食粽历史短许多，但阳江粽的风味却不输任何地方，这得益于总有人勤于探索粽子的制作技艺，这一技艺的代表性传承人有谭冬媚、苏丽燕等。

阳江市江城区非物质文化遗产项目基本情况表

（时间截止：2023 年 5 月）

序号	名称	类别	级别	最高级别认定时间	项目保护单位	传承人
1	阳江风筝	传统技艺	省级	2007	阳江市风筝协会	梁治昂 梁玉泉 阮 权 郑荣发 梁玉琴 黎应光 曾晓全 黄永杨 李远云 梁飞杰 梁世官 梁淑娴 等
2	阳江豆豉酿制技艺	传统技艺	省级	2007	广东阳帆食品有限公司	冯 康 冯一森 冯高锋 叶其禄 姚发柱 谢观献 吴冠锋 李 生 梁登庭 等
3	端午逆水赛龙舟	民俗	省级	2013	江城区文化馆	陈汝榣 谭进华 等
4	谢氏药摩法	传统医药	市级	2021	江城谢克谦中医诊所	谢克谦 谢曜爵 等
5	中医正骨疗法（谭氏中医骨伤科疗法）	传统医药	市级	2022	江城区谭镇亨中医个体诊所	谭镇亨 傅应亮 谭业发 谭艳芬 谭艳芝 等
6	中医正骨疗法（陈氏中医正骨）	传统医药	市级	2022	陈彩云草医馆	陈彩云 林华国 谢绍玲 等
7	五雷火万应追风灸	传统医药	市级	2022	广东省瑞艾堂生物科技有限公司	黄耀斌 黄晓东 等
8	山茶王凉茶熬制技艺	传统医药	市级	2022	江城区永康民间草药保健汤店	王国英 王秀起 王文淋 等
9	潭塘（杨氏）武术	传统体育、游艺与杂技	市级	2021	江城区中洲街道潭塘村委会	杨昆宁 杨计养 等
10	阳江太极拳	传统体育、游艺与杂技	市级	2022	阳江市太极拳协会	黄维盛 黄仁杰 曾 活 等
11	江城传统逆水龙舟制作技艺	传统技艺	市级	2021	江城船业有限公司	周世赏 周 聚 等
12	阳江龙头制作技艺	传统技艺	市级	2022	阳江市皓星文化传媒有限公司	左章恩 左章勇 等
13	印章制作技艺	传统技艺	市级	2022	阳江市老左电脑印章工艺有限公司	左章色 左智友 等

14	碧桥竹编	传统技艺	市级	2022	江城区中洲街道碧桥村民委员会	叶任 等
15	木杆秤制作技艺	传统技艺	市级	2022	阳江川页艺术设计有限公司	苏家旭 苏家意 苏志勇 等
16	阳江大夹肉炒米饼制作技艺	传统技艺	市级	2022	江城区田师傅新麒食品厂	陈国溪 陈茂田 陈茂逢 等
17	阳江糖鸡制作技艺	传统技艺	市级	2022	江城区文化馆	李孟光 李孟文 等
18	阳江凉果制作技艺	传统技艺	市级	2022	阳江市利事达食品有限公司	利小冰 关天昊 林楚霏 等
19	阳江猪肠碌制作技艺	传统技艺	市级	2022	江城区碌碌香餐饮店	黄永湾 庞耀律 等
20	阳江脸肉制作技艺	传统技艺	市级	2022	江城区南恩路南城饭店	何崧记 古业凤 等
21	阳江金猪烧制技艺	传统技艺	市级	2022	江城区城西街道那西村民委员会	冯大诚
22	阳江粽子制作技艺	传统技艺	市级	2022	江城区好姐妹美食店	谭冬媚 苏丽燕 等
23	下濑龙舟尾行先	民间文学	市级	2022	江城区南恩街道西濑社区居民委员会	叶德 苏昌仁 付嘉岳 等
24	江城舞狮	传统舞蹈	市级	2022	阳江飞轮文化传播有限公司	苏关田 谭志安 苏华强 苏威芹 苏威鸿 等
25	江城舞龙	传统舞蹈	市级	2022	江城区埠场镇那蓬村民委员会	关则炎 关胜霖
26	碟仔花	传统音乐	市级	2022	江城区文化馆	韩东海 谢可凤 温新颖 等
27	阳江“讲古”（阳江说书）	曲艺	市级	2022	阳江市公共文化学会	黄远清 林秋燕 梁媛 市公共文化学会（群体）
28	阳江白榄	曲艺	区级	2008	江城区文化馆	林良富 等
29	江城民歌	传统音乐	区级	2008	江城区文化馆	陈德林 黄计友 谭轩 等
30	花笺	传统音乐	区级	2008	江城区文化馆	叶海旋 谢莉莉 等
31	江城漆艺	传统技艺	区级	2008	江城区文化馆	傅以周 范高亮 等
32	江城小刀	传统技艺	区级	2008	江城区文化馆	李积回 梁宝忠 等

后记

作为2023年阳江（江城）逆水龙舟大赛系列活动的重要内容，《江城非遗》编撰工作于2023年6月完成，并以内部资料形式印刷面世。此书一经推出，便受到社会各界人士好评，寥寥1000册印数根本无法满足需求。这是社会各界对编撰工作质量的充分肯定，超出我们的预期，很令我们欣慰。这也是广大干部群众追求文化精品、关注非遗保护传承事业的体现，更是人民群众的文化自信明显增强的体现，让我们宣传思想文化领域的干部职工备受鼓舞、鞭策。

为了满足社会各界对此书的渴求，唤起更多的人以更大的热情关注、支持、参与、监督江城区的非遗保护传承事业，江城区委宣传部按照江城区委、区政府部署，决定正式出版这本《江城非遗》。出版之前，我们再次组织精干力量反复梳理原内部资料版《江城非遗》，弥补了一些疏漏，消除了一些瑕疵，充实了图文资料，力求让此书更具可读性、权威性，有更高的史料价值、学术价值，成为江城区发展非遗项目保护与传承事业的最新成果。

值此书籍将要交付印刷出版之际，谨向关心支持江城区非遗保护传承事业的社会各界人士，向从事非遗保护传承事业的所有工作者，向参与本书编撰工作的有关单位和人员致谢！

中共阳江市江城区委常委、宣传部部长 陈伟荣

2024年5月